60分類キャラクター対応表

1 sun
長距離ランナーのチータ
2 moon
社交家のたぬき
11 moon
正直なこじか
12 sun
人気者のゾウ
21 sun
落ち着きのあるペガサス
22 sun
強靭な翼をもつペガサス
31 sun
リーダーとなるゾウ
32 moon
しっかり者のこじか
41 moon
大器晩成のたぬき
42 sun
足腰の強いチータ
51 sun
我が道を行くライオン
52 sun
統率力のあるライオン

5
moon
面倒見のいい黒ひょう
4
earth
フットワークの軽い子守熊
3
earth
落ち着きのない猿
15
earth
どっしりとした猿
14
moon
協調性のないひつじ
13
earth
ネアカの狼
25
earth
穏やかな狼
24
earth
クリエイティブな狼
23
moon
無邪気なひつじ
35
moon
頼られると嬉しいひつじ
34
earth
気分屋の猿
33
earth
活動的な子守熊
45
earth
サービス精神旺盛な子守熊
44
moon
情熱的な黒ひょう
43
earth
動きまわる虎
55
earth
パワフルな虎
54
earth
楽天的な虎
53
moon
感情豊かな黒ひょう

8
moon
磨き上げられたたぬき
7
sun
全力疾走するチータ
6
earth
愛情あふれる虎
18
sun
デリケートなゾウ
17
moon
強い意志をもったこじか
16
earth
コアラのなかの子守熊
28
sun
優雅なペガサス
27
sun
波乱に満ちたペガサス
26
moon
粘り強いひつじ
38
moon
華やかなこじか
37
sun
まっしぐらに突き進むゾウ
36
earth
好感のもたれる狼
48
sun
品格のあるチータ
47
moon
人間味あふれるたぬき
46
earth
守りの猿
58
sun
傷つきやすいライオン
57
sun
感情的なライオン
56
moon
気どらない黒ひょう

10
earth
母性豊かな子守熊
9
earth
大きな志をもった猿
20
moon
物静かなひつじ
19
earth
放浪の狼
30
earth
順応性のある狼
29
moon
チャレンジ精神の
旺盛なひつじ
40
earth
尽くす猿
39
earth
夢とロマンの子守熊
50
moon
落ち込みの激しい
黒ひょう
49
earth
ゆったりとした
悠然の虎
60
earth
慈悲深い虎
59
moon
束縛を嫌う黒ひょう

個性心理學60分類キャラクター換算表

西暦／年号	1月	2月	3月	4月	5月	6月	7月	8月	9月	10月	11月	12月
1926(昭和1)年	26	57	25	56	26	57	27	58	29	59	30	0
1927(昭和2)年	31	2	30	1	31	2	32	3	34	4	35	5
1928(昭和3)年＊	36	7	36	7	37	8	38	9	40	10	41	11
1929(昭和4)年	42	13	41	12	42	13	43	14	45	15	46	16
1930(昭和5)年	47	18	46	17	47	18	48	19	50	20	51	21
1931(昭和6)年	52	23	51	22	52	23	53	24	55	25	56	26
1932(昭和7)年＊	57	28	57	28	58	29	59	30	1	31	2	32
1933(昭和8)年	3	34	2	33	3	34	4	35	6	36	7	37
1934(昭和9)年	8	39	7	38	8	39	9	40	11	41	12	42
1935(昭和10)年	13	44	12	43	13	44	14	45	16	46	17	47
1936(昭和11)年＊	18	49	18	49	19	50	20	51	22	52	23	53
1937(昭和12)年	24	55	23	54	24	55	25	56	27	57	28	58
1938(昭和13)年	29	0	28	59	29	0	30	1	32	2	33	3
1939(昭和14)年	34	5	33	4	34	5	35	6	37	7	38	8
1940(昭和15)年＊	39	10	39	10	40	11	41	12	43	13	44	14
1941(昭和16)年	45	16	44	15	45	16	46	17	48	18	49	19
1942(昭和17)年	50	21	49	20	50	21	51	22	53	23	54	24
1943(昭和18)年	55	26	54	25	55	26	56	27	58	28	59	29
1944(昭和19)年＊	0	31	0	31	1	32	2	33	4	34	5	35
1945(昭和20)年	6	37	5	36	6	37	7	38	9	39	10	40
1946(昭和21)年	11	42	10	41	11	42	12	43	14	44	15	45
1947(昭和22)年	16	47	15	46	16	47	17	48	19	49	20	50
1948(昭和23)年＊	21	52	21	52	22	53	23	54	25	55	26	56
1949(昭和24)年	27	58	26	57	27	58	28	59	30	0	31	1
1950(昭和25)年	32	3	31	2	32	3	33	4	35	5	36	6
1951(昭和26)年	37	8	36	7	37	8	38	9	40	10	41	11
1952(昭和27)年＊	42	13	42	13	43	14	44	15	46	16	47	17
1953(昭和28)年	48	19	47	18	48	19	49	20	51	21	52	22
1954(昭和29)年	53	24	52	23	53	24	54	25	56	26	57	27
1955(昭和30)年	58	29	57	28	58	29	59	30	1	31	2	32
1956(昭和31)年＊	3	34	3	34	4	35	5	36	7	37	8	38
1957(昭和32)年	9	40	8	39	9	40	10	41	12	42	13	43
1958(昭和33)年	14	45	13	44	14	45	15	46	17	47	18	48
1959(昭和34)年	19	50	18	49	19	50	20	51	22	52	23	53

西暦／年号	1月	2月	3月	4月	5月	6月	7月	8月	9月	10月	11月	12月
1960(昭和35)年＊	24	55	24	55	25	56	26	57	28	58	29	59
1961(昭和36)年	30	1	29	0	30	1	31	2	33	3	34	4
1962(昭和37)年	35	6	34	5	35	6	36	7	38	8	39	9
1963(昭和38)年	40	11	39	10	40	11	41	12	43	13	44	14
1964(昭和39)年＊	45	16	45	16	46	17	47	18	49	19	50	20
1965(昭和40)年	51	22	50	21	51	22	52	23	54	24	55	25
1966(昭和41)年	56	27	55	26	56	27	57	28	59	29	0	30
1967(昭和42)年	1	32	0	31	1	32	2	33	4	34	5	35
1968(昭和43)年＊	6	37	6	37	7	38	8	39	10	40	11	41
1969(昭和44)年	12	43	11	42	12	43	13	44	15	45	16	46
1970(昭和45)年	17	48	16	47	17	48	18	49	20	50	21	51
1971(昭和46)年	22	53	21	52	22	53	23	54	25	55	26	56
1972(昭和47)年＊	27	58	27	58	28	59	29	0	31	1	32	2
1973(昭和48)年	33	4	32	3	33	4	34	5	36	6	37	7
1974(昭和49)年	38	9	37	8	38	9	39	10	41	11	42	12
1975(昭和50)年	43	14	42	13	43	14	44	15	46	16	47	17
1976(昭和51)年＊	48	19	48	19	49	20	50	21	52	22	53	23
1977(昭和52)年	54	25	53	24	54	25	55	26	57	27	58	28
1978(昭和53)年	59	30	58	29	59	30	0	31	2	32	3	33
1979(昭和54)年	4	35	3	34	4	35	5	36	7	37	8	38
1980(昭和55)年＊	9	40	9	40	10	41	11	42	13	43	14	44
1981(昭和56)年	15	46	14	45	15	46	16	47	18	48	19	49
1982(昭和57)年	20	51	19	50	20	51	21	52	23	53	24	54
1983(昭和58)年	25	56	24	55	25	56	26	57	28	58	29	59
1984(昭和59)年＊	30	1	30	1	31	2	32	3	34	4	35	5
1985(昭和60)年	36	7	35	6	36	7	37	8	39	9	40	10
1986(昭和61)年	41	12	40	11	41	12	42	13	44	14	45	15
1987(昭和62)年	46	17	45	16	46	17	47	18	49	19	50	20
1988(昭和63)年＊	51	22	51	22	52	23	53	24	55	25	56	26
1989(平成1)年	57	28	56	27	57	28	58	29	0	30	1	31
1990(平成2)年	2	33	1	32	2	33	3	34	5	35	6	36
1991(平成3)年	7	38	6	37	7	38	8	39	10	40	11	41
1992(平成4)年＊	12	43	12	43	13	44	14	45	16	46	17	47
1993(平成5)年	18	49	17	48	18	49	19	50	21	51	22	52
1994(平成6)年	23	54	22	53	23	54	24	55	26	56	27	57
1995(平成7)年	28	59	27	58	28	59	29	0	31	1	32	2

西暦／年号	1月	2月	3月	4月	5月	6月	7月	8月	9月	10月	11月	12月
1996(平成8)年＊	33	4	33	4	34	5	35	6	37	7	38	8
1997(平成9)年	39	10	38	9	39	10	40	11	42	12	43	13
1998(平成10)年	44	15	43	14	44	15	45	16	47	17	48	18
1999(平成11)年	49	20	48	19	49	20	50	21	52	22	53	23
2000(平成12)年＊	54	25	54	25	55	26	56	27	58	28	59	29
2001(平成13)年	0	31	59	30	0	31	1	32	3	33	4	34
2002(平成14)年	5	36	4	35	5	36	6	37	8	38	9	39
2003(平成15)年	10	41	9	40	10	41	11	42	13	43	14	44
2004(平成16)年＊	15	46	15	46	16	47	17	48	19	49	20	50
2005(平成17)年	21	52	20	51	21	52	22	53	24	54	25	55
2006(平成18)年	26	57	25	56	26	57	27	58	29	59	30	0
2007(平成19)年	31	2	30	1	31	2	32	3	34	4	35	5
2008(平成20)年＊	36	7	36	7	37	8	38	9	40	10	41	11
2009(平成21)年	42	13	41	12	42	13	43	14	45	15	46	16
2010(平成22)年	47	18	46	17	47	18	48	19	50	20	51	21
2011(平成23)年	52	23	51	22	52	23	53	24	55	25	56	26
2012(平成24)年＊	57	28	57	28	58	29	59	30	1	31	2	32
2013(平成25)年	3	34	2	33	3	34	4	35	6	36	7	37
2014(平成26)年	8	39	7	38	8	39	9	40	11	41	12	42
2015(平成27)年	13	44	12	43	13	44	14	45	16	46	17	47
2016(平成28)年＊	18	49	18	49	19	50	20	51	22	52	23	53
2017(平成29)年	24	55	23	54	24	55	25	56	27	57	28	58
2018(平成30)年	29	0	28	59	29	0	30	1	32	2	33	3
2019年	34	5	33	4	34	5	35	6	37	7	38	8
2020年＊	39	10	39	10	40	11	41	12	43	13	44	14
2021年	45	16	44	15	45	16	46	17	48	18	49	19
2022年	50	21	49	20	50	21	51	22	53	23	54	24
2023年	55	26	54	25	55	26	56	27	58	28	59	29
2024年＊	0	31	0	31	1	32	2	33	4	34	5	35
2025年	6	37	5	36	6	37	7	38	9	39	10	40
2026年	11	42	10	41	11	42	12	43	14	44	15	45

＊はうるう年

☆個性心理學60分類換算表及び対応表の見方

例）1976年9月13日生まれの場合　【計算方法】

1. 1976年9月のコード数を確認する。→ 52（①）
2. コード数に生まれた日を足す。→ 52（①）＋13（②）＝65（③）
3. 合計数が60を超える場合は、合計数から60を引く。→ 65（③）－60＝5
4. 60分類キャラクター対応表で5を調べる。→ 面倒見のいい黒ひょう

個性心理學60分類キャラクター対応表

	キャラクター
1	長距離ランナーのチータ
2	社交家のたぬき
3	落ち着きのない猿
4	フットワークの軽い子守熊
5	面倒見のいい黒ひょう
6	愛情あふれる虎
7	全力疾走するチータ
8	磨き上げられたたぬき
9	大きな志をもった猿
10	母性豊かな子守熊
11	正直なこじか
12	人気者のゾウ
13	ネアカの狼
14	協調性のないひつじ
15	どっしりとした猿
16	コアラのなかの子守熊
17	強い意志をもったこじか
18	デリケートなゾウ
19	放浪の狼
20	物静かなひつじ
21	落ち着きのあるペガサス
22	強靭な翼をもつペガサス
23	無邪気なひつじ
24	クリエイティブな狼
25	穏やかな狼
26	粘り強いひつじ
27	波乱に満ちたペガサス
28	優雅なペガサス
29	チャレンジ精神の旺盛なひつじ
30	順応性のある狼

	キャラクター
31	リーダーとなるゾウ
32	しっかり者のこじか
33	活動的な子守熊
34	気分屋の猿
35	頼られると嬉しいひつじ
36	好感のもたれる狼
37	まっしぐらに突き進むゾウ
38	華やかなこじか
39	夢とロマンの子守熊
40	尽くす猿
41	大器晩成のたぬき
42	足腰の強いチータ
43	動きまわる虎
44	情熱的な黒ひょう
45	サービス精神旺盛な子守熊
46	守りの猿
47	人間味あふれるたぬき
48	品格のあるチータ
49	ゆったりとした悠然の虎
50	落ち込みの激しい黒ひょう
51	我が道を行くライオン
52	統率力のあるライオン
53	感情豊かな黒ひょう
54	楽天的な虎
55	パワフルな虎
56	気どらない黒ひょう
57	感情的なライオン
58	傷つきやすいライオン
59	束縛を嫌う黒ひょう
60	慈悲深い虎

動物キャラナビ

Love《ラブ》

個性心理學研究所®所長
弦本將裕

集英社

はじめに

女だってモテたい！

「人間にはふたつの種類しかない。ひとつはスケベな人間。そしてもうひとつはドスケベな人間」。これは某大手出版社の社長の言葉です。

思わず苦笑された方、「けだし名言」とポンと膝を打つ方、ニヤリとうなずいた方、いろいろだと思いますが、私は「これは真理だ」と思いました。

男と女の物語は、太古の昔から続いています。

『古事記』や『日本書紀』にも男と女の記述はありますが、恋物語として最も有名なのは、平安時代に紫式部によって書かれた『源氏物語』でしょう。世界最古の長編恋愛小説であり、下世話に言えば日本最古の世にも美しいエロ本（官能小説）かもしれません。およそ1000年も前から男と女は恋をして、ときめき、喜び、苦しみ、そして悩み続けているのです。

今も昔も、世界中の男と女の関心事は「恋愛」であり、そして「セックス」でしょう。

みなさんも恋愛やセックスに大いに興味があるわけです。でなければ、この本を手に取ってはいないはずですから。

「気になる人がどんな人か知りたい」
「どうしたら好きになってもらえるのか知りたい」
「好きな人と結ばれたい」
「もっと愛し愛されたい」

そして究極の本音がこれ。

「モテたい！　女だってモテたい！　いくつになってもモテたい！」

これはしごく当然のことです。倖せに年齢制限はありませんし、10代でも60代でも恋に温かでポジティブな感情を注ぐ女性は魅力的です。

ただし、恋愛とセックスにも性格同様、個性や癖があることをご存じでしょうか。個性の違いは、行動や考え方、価値観、恋愛観の違いを生みます。

好きなタイプ
ときめくシチュエーション
心に響く言葉
性癖や体位の嗜好

にいたるまで、個性は恋愛のあらゆるシーンに表れます。
ストレスのない恋愛や心地よいセックスを楽しむためには、読んで字のごとく「個々の性」の違いを知ることが不可欠なのです。

本気でモテたければ、個性の違いをしっかりと研究することです。

男女のリレーションシップや性の問題については、講習会や講演でもたくさんお話ししてきましたが、男女では恋愛やセックスに「求めるもの」が根本的に違います。

ひと言で言えば「幸福の価値観」が違うのです。男と女はどんなに近くにいても、「永遠にわかり合えない者同士」と言われる所以はここにあります。

しかし、知ろうとすること、わかり合おうとすることをやめてしまえば、その「関係」はたちまち消えてしまいます。

さてここで、現代の恋愛事情について考えてみましょう。

近年、テレビや新聞でも連日のように「少子化」と「高齢化」の問題が取りざたされています。

このままいけば、100年後には日本の人口は4300万人となり、西暦3000年にはなんと日本人は14人になってしまうという試算も出ているとか。日本人は特別天然記念物である「トキ」より希少な絶滅危惧種になってしまうのかもしれません。

実際にデータを見てみると、18歳～34歳の未婚者で異性の交際相手がいない人の割合は、女性で59・1％（5年前49・5％）、男性では69・8％（同61・4％）と、大きく増加しています。恋愛盛りであるはずの「現役」未婚女性のおよそ6割、男性では実に7割近くに交際相手がいないのです（注①）。

「リアルな恋愛は面倒くさい」と、二次元での擬似恋愛を好む人が増え、「恋愛はしたいけれど、失敗したり悩んだり傷つくのはイヤだ」と、リスクを恐れて恋に二の足を踏む若者が（いや中年も…）増えているのは、事実でしょう。

「失敗なんて恐れるな」と一喝したいところですが、日本では1年に約65万組が結婚し、22万組が離婚しているといいます。

3組に1組の男女が「失敗」し「傷ついて」いるのです。

そんな親や大人たちの結婚事情を目の当たりにしている若者が、恋愛や結婚に夢も希望も持てず、「生涯おひとり様でいいかも」と、考えるのは無理もないことなのかもしれません。

しかし「失敗」で終わるのならまだいいのです。

殺人事件における被害者と加害者の関係を見てみると、驚くべきデータが発表されていました。20歳から64歳では、加害者は友人・知人が第1位24・7％、第2位が親19・8％、第3位が配偶者13・8％、第4位が子ども11・0％となっています。注視すべきは、65歳以上の統計になると、加害者の第1位は配偶者で、全体の40・8％と跳ね上がることです（注②）。愛し合って結婚し、数十年間も連れ添った配偶者が、殺

注①　2015年国立社会保障・人口問題研究所調べ
注②　2014年警察庁調べ

人事件の加害者の断トツの第1位なのです。事件は家庭で起こっていました。これらも、「個性の違い」「本質の違い」が生み出した取り返しのつかない痛ましい悲劇といえるでしょう。昨今「恋愛」がしづらく、「結婚生活」が困難な世の中になっていることは間違いありません。

人は愛と倖せを求めて生きているのに、求めれば求めるほどに苦悩が増し、争うことも増えるのはなぜでしょう。

それは「自分と相手の個性を知ろうとしなかったから」「性を理解できなかったから」。心とからだの個性と相性が葛藤を生み、トラブルの原因になっているのです。

「性」は人間の本質的な特性であり、また欲望の原点です。私たちはセックスによってこの世に命として現れ、その命を生きています。

となれば、性への欲求は人が持ちうる欲望の中で最も強く根源的なのは当然のことです。

しかし、学校の先生や大人たちは「性にも個性や相性があること」は教えてくれません。

そして大人になっても、今さら人には聞けない「どこか恥ずかしいアンタッチャブル」なことでもあります。

互いの「性格」だけではなく「恋愛」や「性」を知り、わかり合い許し合うことで愛は必ず深まるのに、知らないでいることは何ともったいないことでしょう。

だから…、
わかり合うために、許し合うために、
悲劇が繰り返されないために、
モテたい！　と素直に願うポジティブな女性のために、
そして嫌われることを恐れて恋ができなくなった人のために、
「恋愛とセックス」をテーマにしたまったく新しい「恋愛バイブル本」を書き下ろすことに決めたのです。
この本を読んで、こんな自分やあんな相手でも、まず知ってください。
次に自分と相手の常識や価値観や嗜好を「そうか」と受け入れてみてください。
そして、そんな考えもあるのかと違いを比べて面白がれるようになれば、あなたの人生は間違いなく変わります！

この本の使い方

個性心理學とは？

私たちはみな顔や形が違うように「個性」も千差万別。誰ひとり同じ人はいません。そして複雑な人間関係もときめく恋愛関係も、この「個性」が複雑に絡み合った結果生まれる摩訶不思議な「縁」です。

会った瞬間に運命の人と感じることもあれば、袖振り合うだけで終わる関係もあります。この劇的な相違を生み出す「個性」や「相性」とはどこから生まれるものなのでしょうか。

そんな不思議な「縁」や「恋」に役立てていただきたいのが、個性心理學です。

個性心理學は、世界最大の統計学といわれている四柱推命を分類の基礎においた、人間取り扱い説明書。いわば「人間図鑑」です。１９９９年から世紀を跨いで大きくブレイクした「動物占い」をご記憶の方も多いかと思いますが、その基礎となっていたのが、個性心理學です。

その大きな特徴のひとつが、生年月日をベースにしているという点です。

生年月日は誰でも必ず持っているもので、一生使える不変のデータです。生年月日がわかればその人の「個性」を知ることができるのです。

しかし、四柱推命は２０００年以上の歴史を持ついにしえの学問であり、それを現代に対応した学問とし、そして誰にでもわかる実学とするためまったく新しい「個性心理學」理論を確立する必要がありました。

難解な表現を避け、イメージ心理学の手法を用いて、人間の個性を12の動物キャラクターに置き換えたのもそのためですし、さらに12のキャラクターを60分類に進化させました。

その結果、確かに個性は多様性に富んでいますが、単に個性の違いだけを検証してもそれだけでは「問題」は解決しないこともわかりました。

最も大切なことは、「共通点」を見つけることだったのです。

ですから個性心理學は12種類60分類の動物キャラクターの個性を深く探り、共通点を見つけ出し、様々な分類を構築したのです。

まず、人間の個性を「ＭＯＯＮ」、「ＥＡＲＴＨ」、「ＳＵＮ」の３種類にカテゴライズすることで、徹底した検証を続けてきました。

この３分類こそが12種類60分類の基礎理論であり、個性心理學の根幹です。

では、手始めにその分類を見てみることにしましょう。

MOON・EARTH・SUN　3分類をマスターする

それぞれの特徴から12の動物キャラクターをMOON（月）・EARTH（地球）・SUN（太陽）の3つに分けました。

3つのグループは、次の通りとなります。

今回は「恋愛傾向」に焦点を当てて検証してみます。

MOON（こじか・黒ひょう・たぬき・ひつじ）

人間関係がすべてといってもいい、「空気と人の心を読む」達人のグループ。世のため人のためが口癖で、揉め事や競争を嫌い、協調性や人の和をとても大事にします。最も日本人らしい気質といわれる人々です。

恋愛のモットーは「和気あいあいと恋したい」。

好きになった相手に「いい人」と思われたいのです。

恋愛の傾向は、

・相手によって自分を変える（あなた色に染まれる）
・目立たないが存在感がある
・好きな人に影響を与えたい
・メール、LINEでのやりとりが大好き
・友だち以上恋人未満が多い

このグループは全人類の35%を占めています。

EARTH（狼・猿・虎・子守熊）

無駄を嫌い、何でも効率的に考え、計画通りに物事を進めたい実利主義者のグループです。ペースを乱されると強いストレスを感じます。一方で芸術性・創造性に優れ、美意識も高い人々です。

恋愛のモットーは「マイペースで恋したい」。

白か黒か？　好きか嫌いか？　イエスかノーか？　をはっきりさせたい、あくまで自分中心で恋愛を楽しみたいのです。

恋愛の傾向は、

・自己中心的（世界でいちばん自分が好き）
・等身大
・何かと頑張る、無理をする
・人と争って勝利したい
・長いメールは嫌い（スタンプは好き）
・友だち以上は恋人と認知

このグループは全人類の40%を占めています。

SUN（チータ、ライオン、ゾウ、ペガサス）

ピンとくる感性と直感で動く人たちのグループです。習慣や伝統などに縛られるのが苦手で、自由に生きたいと思っています。別名きまぐれ天才チームと呼ばれ、日本人の気質とは最もかけ離れた人々です。

恋愛のモットーは「気分次第で恋したい」。

カンやひらめきで恋愛も奔放にエンジョイします。

恋愛の傾向は、

・すべての中心でありたい（天上天下唯我独尊）
・ムラがある
・態度は大きいけれど、心は意外と傷つきやすい
・手紙、メール、ＬＩＮＥでのやりとりは苦手
・友だち以下でも気分によっては恋人に昇格

このグループが全人類に占める割合は最も少なく、全体の25％です。

例えば、「大切に思うもの」ひとつとっても三者三様です。

お金やモノより「情」や「気持ち」を大切に思うＭＯＯＮは、高価なブランド品よりも手づくりのケーキやセーター、思いのこもったカードやメッセージが心に響きます。

ＥＡＲＴＨは、逆に気持ちより、「目に見える物質的なもの」「実理性の高いもの」が大事。自分の価値や頑張りをものやお金で評価してほしいのです。

ＳＵＮは、お金や気持ちよりも、権威や名声、賞賛といった自分のプライドをくすぐるものにこだわります。常にトップであること、飛び抜けた存在であることを示唆するもの。「やっぱり、すごい！」という周囲の声を大事にします。

自分を含め友人や気になる人、彼氏や家族などをあてはめてみると、どうですか？その「違い」に気づいて、大いに納得されるでしょう。

こんなに違う！　３分類の恋

では次に、具体的な恋愛シーンにあてはめて、それぞれの価値観や行動パターン、癖など、「恋愛における個性」の違いを検証してみましょう。

「恋に求めるもの」

・ＭＯＯＮ↓「人となり」

相手軸で生きるＭＯＯＮにとって、一番大事なものは相手の人柄です。「優しい恋人」であり「性格のいい恋人」が恋の価値のすべてです。いい人でなければ好きにもならず、恋にも進化しません。

・ＥＡＲＴＨ↓「快楽」

自分軸で生きるEARTHが恋愛に求めるものは、ズバリ快感です。楽しい、うれしい、気持ちいい、そんなわくわく感が恋の醍醐味。恋愛＝セックスでもあるので、肉体的な快楽も含みます。

・SUN→「征服と満足」

SUNもまた自分軸ですが、プレミア感や非日常を感じさせる恋にときめきます。常に一番であること、主役であることをどこかで望んでいるので、恋人は「攻め落として征服し、結果を手に入れて満足する」ための標的です。

「好みの店」

・MOON→「店員の態度のいい、感じのいいお店」

・EARTH→「自分でリサーチし、確実においしくて店員がまとわりつかない店」

・SUN→「有名な店、話題の店」

デートにいくべき店の傾向が、わかりますね。

「謝罪の傾向」

・MOON→「何度もしつこくあやまる」

・EARTH→「言い訳が多く、なかなか謝らない上に謝ってから逆ギレもあり」

・SUNは→「1度しか謝らない」

そんな特性を知っておけば、何度も謝るMOONグループに対し、「しつこい、うざい」と思わずにすみますし、1度さくっと謝っただけで、まるで何事もなかったかのように振舞うSUNグループや逆ギレするEARTHを「しょうがないな」と許容できます。

「浮気がバレたとき」

・MOON↓「黙る」
何を言われようとされようと一切のレジスタンスを放棄した無抵抗主義（ガンジー戦法）。1度口を開くと本音がとまらなくなるので、とにかく黙ります。

・EARTH↓「明るく謝る」
最後の最後までシラを切り通しますが、もはやここまでとなったら、あっさり謝罪し、「ごめんね。その代わりにほしがってたバッグをプレゼントするから許して」と、交換条件を提示します。

・SUN↓「土下座と号泣のパフォーマンス謝罪」
とにかくハデに芝居がかったことをして、謝罪も盛り上げます。

「性癖」

・MOON↓「相手の手を握って寝る」

一緒に過ごす時間を大事にしたいMOONは、いつでもベタベタしていたい。ベッドの中ならなおさらです。必ず手をつなぎ、なんなら彼のイチモツを握って安眠。
・EARTH↓「周期的にエッチがしたい」
周期的に性欲が高まるEARTHは定期的（安定的）なセックスを好みます。カレンダーやスケジュール帳に予定や安全日を書き込んでいるのがこのグループ。
・SUN↓「自宅以外でしたい」
その日そのときの気分で性欲が高まるSUNは、「週末のデートは自宅で」と決められるとそれだけで萎えます。自宅以外の場所で燃えるタイプ。

ベッドでのタブー
・MOON↓「え…もう?」「早かったね」などの何気ないひと言。
・EARTH↓「終了後のベタベタ」は、うざったい。
・SUN↓「ベージュのおばさんパンツ」のような視界に飛び込むダサい、エグいモノは心理的にも肉体的にも萎える。

《おまけ　危険回避法》
そんなつもりはなかったのにエッチを迫られ、その場を逃げ出したくなったことはありませんか。そんなとき相手を傷つけることなく危険を回避する、とっておきの秘策をお教えしておきます。

・MOONに迫られた場合

「あなたって本当にいい人だよね」と、ひと言つぶやいてください。どんなときでも「いい人」でありたいMOONは、一気にいい人モードに切り替わり「もう遅いから家まで送っていくね」と泣く泣く得意のジェントルマンを演じます。

・EARTHに迫られた場合

「ごめん。今日生理なの。来週だったら大丈夫なんだけど」と、きっちり理由を告げて代替案を出します。気兼ねなくエッチを楽しみたいEARTHは、来週までいい子で待ちます。

・SUNに迫られた場合

「こんなホテルじゃ絶対イヤっ。今日、ダサいパンツはいてるからイヤっ。さっきにんにく食べたからイヤっ」と、言いたい放題、ダダをこねてください。ムードを大事にするSUNはあきらかに戦意を喪失します。

こうして比較してみると、恋愛における具体的な特徴や傾向がつかめます。

おまけを含め、この基礎理論の3分類がわかれば、今日からすぐに「個性心理學」を恋愛に活用できるようになります。

MOON

月チーム

黒ひょう

共通気質
・メンツやプライドにこだわる
・正義感が強い
・先行逃げ切り型
・意外と傷つきやすい
・トレンドに敏感

5 面倒見のいい黒ひょう
44 情熱的な黒ひょう
50 落ち込みの激しい黒ひょう
53 感情豊かな黒ひょう
56 気どらない黒ひょう
59 束縛を嫌う黒ひょう

こじか

11 正直なこじか
17 強い意志をもったこじか
32 しっかり者のこじか
38 華やかなこじか

共通気質
・嘘が嫌い
・好奇心旺盛で臆病
・教え上手、育て上手
・感情を隠しきれない
・人見知り

【いい人チーム】

ひつじ

共通気質
・ひとりぼっちは大嫌い
・誘われると断れない
・情報収集能力がある
・和が大事
・グチが多い

14 協調性のないひつじ
20 物静かなひつじ
23 無邪気なひつじ
26 粘り強いひつじ
29 チャレンジ精神の旺盛なひつじ
35 頼られると嬉しいひつじ

たぬき

2 社交家のたぬき
8 磨き上げられたたぬき
41 大器晩成のたぬき
47 人間味あふれるたぬき

共通気質
・伝統や古いものが好き
・ムードメーカーで天然ボケ
・頼まれると断れない
・返事はいいけど、すぐ忘れる
・どんなキャラにも合わせられる

EARTH
地球チーム

狼

共通気質
- 自己流でナンバー１を目指す
- 変わった人でいたい
- ひとりだけの時間と空間が大事
- 言葉足らずで誤解されやすい
- 初対面ではとっつきにくい

13 ネアカの狼
19 放浪の狼
24 クリエイティブな狼
25 穏やかな狼
30 順応性のある狼
36 好感のもたれる狼

猿

3 落ち着きのない猿
9 大きな志をもった猿
15 どっしりとした猿
34 気分屋の猿
40 尽くす猿
46 守りの猿

共通気質
- ささいな勝負にもこだわる
- 何でも器用にこなす
- ホメられたくて頑張る
- 実利にめざとい
- あわてん坊

【しっかり者チーム】

子守熊《コアラ》

共通気質
- サービス精神旺盛
- 損得勘定に長けた倹約家
- 最後に出し抜いて勝つ
- ロマンチストだけど現実的
- 南の島や温泉が好き

4 フットワークの軽い子守熊
10 母性豊かな子守熊
16 コアラのなかの子守熊
33 活動的な子守熊
39 夢とロマンの子守熊
45 サービス精神旺盛な子守熊

虎

6 愛情あふれる虎
43 動きまわる虎
49 ゆったりとした悠然の虎
54 楽天的な虎
55 パワフルな虎
60 慈悲深い虎

共通気質
- 面倒見がいい親分、姉御肌
- 自信家
- カラフルなおしゃれが好き
- 本音で生きる
- 冗談はキツめ

SUN
太陽チーム

チータ

共通気質
- ・どんなことにも果敢に挑戦
- ・逆境に強い超ポジティブ思考
- ・攻撃は強いが、守備は弱い
- ・成功願望が強い
- ・ほしいと思ったらすぐ買う

1 長距離ランナーのチータ

7 全力疾走するチータ

42 足腰の強いチータ

48 品格のあるチータ

ライオン

51 我が道を行くライオン

52 統率力のあるライオン

57 感情的なライオン

58 傷つきやすいライオン

共通気質
- ・人に厳しく自分に優しい甘えん坊
- ・常に狙うはナンバー1
- ・礼儀やマナーにうるさい
- ・一流好み
- ・何事もその道のプロを目指す

【天才チーム】

ペガサス

共通気質
- ・気分屋でお天気屋
- ・感情表現がオーバー
- ・面倒くさがり屋
- ・感性と直感がすべて
- ・得意分野では天才だがあとは平凡

21 落ち着きのあるペガサス

22 強靭な翼をもつペガサス

27 波乱に満ちたペガサス

28 優雅なペガサス

ゾウ

12 人気者のゾウ

18 デリケートなゾウ

31 リーダーとなるゾウ

37 まっしぐらに突き進むゾウ

共通気質
- ・努力と根性の人
- ・職人（プロ）気質
- ・待てない
- ・敵、味方の線引きがはっきり
- ・キレたら最強

ヒューマンリレーションの法則

そしてもうひとつ、ぜひ覚えておいていただきたいのが、「ヒューマンリレーションの法則」です。

この3分類には力関係が働いており、物理学の作用反作用の法則のように、明確に作用し合っています。

これをヒューマンリレーションの法則といいます。

下記の図解をごらんいただければ一目瞭然ですが、この法則の別名は「ジャンケンの法則」といいます。

グーのMOONはチョキのEARTHに強く、チョキのEARTHはパーのSUNに強く、パーのSUNはグーのMOONに強い、という、目には見えない力関係が存在しているのです。

通常の人間関係はもちろん、恋愛においてもこの力関係は影響を及ぼします。

なぜか、「あの人には強く出られない」

なぜか、「ついつい言うことを聞いてしまう」

なぜか、「みんなは苦手というけれど、私はつきあいやすい」
あなたの周囲でもそんな不思議な人間関係はありませんか？
ぜひ調べてみてください。ヒューマンリレーションの法則という「力関係」が作用しているはずです。

強いライオンが、ぼーっとした子守熊にいい感じで手玉にとられてしまうのも、怖がりなこじかやひつじが、狼や虎に気を使わずわがままを言いやすいのも、この不思議な力関係が起こす個性のパワーゲームです。

職場や学校の友人関係、家庭、地域社会の交流、どのコミュニティにおいても３分類がバランスよく適正比率でそろっている「場」は、人間関係がスムーズで、雰囲気もいいものです。その一方で、

ＭＯＯＮが多すぎると、場の雰囲気はいいのですが、無駄（話）が多く、なかなか物事が進みません。

ＥＡＲＴＨ中心のチームは競争意識が強いので、どこかピリっとした空気が流れています。

ＳＵＮばかりのグループは、統制がとれずバラバラです。

目に見えないパワーバランスがわかれば、「そっか、それはしょうがないね」と、何だかわからない不穏な雰囲気や正体不明のざわつく気持ちが整ってきませんか。

個性心理學研究所では、単に情報を発信するだけでなく、講演会、講座、勉強会などを通じて、個性心理學の普及活動に努めています。

さらに、人前で講演したり、問題を抱えて悩んでいる方をカウンセリングする目的で、認定講師・認定カウンセラーの資格制度を設け、人材の育成に力を入れております。現在では、4000名を超える講師・カウンセラーのみなさんが全国各地（世界14カ国）で活躍しています。

私は、日本だけでなく海外でも講演会やセミナーを開催していますが、受講生の関心は「本当の自分を知る」ところから始まって、「自分と他人」の違いを理解するところに到達していきます。

自分を深く見つめ直すことで「自分と他人は違うのだ」と初めて受けとめることができるのです。

個性の違いが価値観の違いを生み出しますから、自分と異なる価値観を受け入れるのは容易ではありません。

ところが、「自分とあの人とでは個性が違うのだ」という視点で見直してみると、相手の言動を「検証」として受け入れられるようになっていきます。むしろ、個性の違いを楽しめるようになるのです。それが恋愛となればなおさらでしょう。

さて、ここで話は冒頭に戻ります。

「人はスケベか、ドスケベの2種類しかいない」という言葉を覚えていますか。

みなさんはどちらの種類の人でしょうか？

私は自身の講演会でも、こんな質問をすることがあります。「自分のことをスケベだと思う方、手を挙げてください。正直に（笑）」

すると、あたりをキョロキョロと見渡しながら6割くらいの方の手がそろりそろりと挙がります。

「では、いやいや私はドのつくスケベです、と思われる方は手を挙げてください」

残りの約3分の1の方が満面の笑みで挙手されます。

私は「今、手を挙げた方。おめでとうございます。あなたたちは『成功』への切符を手にした方たちです。なぜならドスケベって明るいんです。スケベって暗いんですね。だってむっつりスケベって言うでしょう。むっつりドスケベとは言わないですよね。明るいエネルギーは幸福の根源です」と、申し上げるのです。

実際、長年の検証の結果、「運はエネルギー」であることがわかってきました。

そして恋愛もまたエネルギーなのです。

人から好かれる人、異性からモテる人、満たされた幸福な生活を送っている人とそうではない人を比べると、誰の目にもエネルギーの違いがわかるはずです。

エネルギーはその人から放たれたパワーであり、空気であり、雰囲気であり、いわゆるオーラと呼ばれるもの。成功者や有名人に会うと強いオーラを感じますが、人気もまたエネルギーのひとつです。

自分のエネルギーを抑圧せず（かといって過度に放出せず）、「モテて」ください。倖せなオーラを放つ、モテる女性になってください。

この本は使えます。楽しく読み込んで、自分の個性を愛し、相手を尊重し、素敵な縁を引き寄せてください。


そうそう、個性心理學には、こんなことわざがあります。

「個性心理學、知らないと悲劇、知ると喜劇！」

あなたの恋に、たくさんの喜劇が訪れますように。

目次

CONTENTS

Love

60分類キャラクター対応表 …… 001
はじめに …… 010
この本の使い方 …… 016

第1章　あなたの恋愛運命を知る …… 041

狼女子の恋愛運命［恋愛傾向・セックス・結婚・相性］ …… 042

こじか女子の恋愛運命【恋愛傾向・セックス・結婚・相性】……052
猿女子の恋愛運命【恋愛傾向・セックス・結婚・相性】……062
チータ女子の恋愛運命【恋愛傾向・セックス・結婚・相性】……072
黒ひょう女子の恋愛運命【恋愛傾向・セックス・結婚・相性】……082
ライオン女子の恋愛運命【恋愛傾向・セックス・結婚・相性】……092
虎女子の恋愛運命【恋愛傾向・セックス・結婚・相性】……102
たぬき女子の恋愛運命【恋愛傾向・セックス・結婚・相性】……112
子守熊《コアラ》女子の恋愛運命【恋愛傾向・セックス・結婚・相性】……122

ゾウ女子の恋愛運命［恋愛傾向・セックス・結婚・相性］……132
ひつじ女子の恋愛運命［恋愛傾向・セックス・結婚・相性］……142
ペガサス女子の恋愛運命［恋愛傾向・セックス・結婚・相性］……152
コラム01［有名人カップルの動物キャラクター一覧］……162

第2章　12の動物キャラ別 男の愛し方……163

狼男の愛し方……164
狼を落とす3ステップ 168

こじか男の愛し方 170
こじかを落とす3ステップ 174
猿男の愛し方 176
猿を落とす3ステップ 180
チータ男の愛し方 182
チータを落とす3ステップ 186
黒ひょう男の愛し方 188
黒ひょうを落とす3ステップ 192
ライオン男の愛し方 194
ライオンを落とす3ステップ 198

虎男の愛し方 200
虎を落とす3ステップ 204
たぬき男の愛し方 206
たぬきを落とす3ステップ 210
子守熊男の愛し方 212
子守熊を落とす3ステップ 216
ゾウ男の愛し方 218
ゾウを落とす3ステップ 222
ひつじ男の愛し方 224
ひつじを落とす3ステップ 228

ペガサス男の愛し方
ペガサスを落とす3ステップ 230
コラム02「気になる彼の〝エッチの傾向〟ランキングBest3」 234
第3章 60キャラクターによるメンズ攻略事典 237
コラム03「究極の相性を探せ！」 258
おわりに 260

BOOKデザイン&ディレクション ◎ 本橋健 (Natty Works) ［面倒見のいい黒ひょう］
カバー&キャラクターイラスト ◎ 西川伸司 ［落ち着きのあるペガサス］
本文イラスト ◎ 横山丈治 ［好感のもたれる狼］
構成 ◎ 稲田美保 ［協調性のないひつじ］ ◎ 河﨑恵弥 ［どっしりとした猿］

第1章

あなたの恋愛運命を知る

狼女子の恋愛運命

恋愛の傾向

好物は個性的な〝くせ者男子〟

「みんな一緒」「普通」「平凡」を嫌う狼女子は、恋愛でも、わが道をいきます。世間で人気のイケメンやセレブたちに興味はなく、惹かれるのは自分以上にユニークで強烈な個性を持った男性たち。無愛想でとっつきにくいけど天才とか、笑顔が可愛い人なのに絶対群れないヤツとか、不器用だけど芯に熱いものを持っているとか…どこかアウトローな男性が好き。

好みのタイプ以外の人からいくら熱心にアプローチされても、交際はありえません。「とりあえずつきあってみようか」なんて保険やお試しの恋なんて、狼女子にとっては意味のないことなので。

女性特有の媚びや甘えは嫌いというより、もともと持ち合わせてい

狼6分類のモテ度チェック

13 ネアカの狼

洗練されたおしゃれな雰囲気と屈託のない陽気さが魅力。セレブ予備軍男子からも人気。モテ度は上々。

19 放浪の狼

単独行動が多いので接近チャンスの少ない女子。でも1度でも話をするとその優しさと可愛さにイチコロ。

ないので、ズバっと切り込んだ正直発言が相手を傷つけたり、ときに怖がらせたりすることもあります。そんなあなたは「いい女だなあ」とベタボメされるか「なんか近寄れない…怖くて」と言われるかの二極です。遠吠え（口）は災いのもと？

好きになった相手と一緒に過ごす時間は、集中してイチャイチャしたいけれど「束縛」は耐えられません。「趣味の強制」なんて、もっと耐えられない。必要のないときはどこかへフラリと消えてくれる男子が最高の相手！　だと、思っています。

束縛したいけど、されるのは断固NO！

こんな狼女子の恋癖を「わがままで自己中心的」と思う男子は多いけれど、「面白い」と思ってくれる人も少数派とはいえ案外いるのです。そんな人との恋の充実感と楽しさは格別。結婚を意識した長いおつきあいになるはず。

奔放そうに見える狼女子ですが、遊びの恋やエッチは、わずらわしいばかり。本気で恋をして「この人に決めた」と心を開いてから、エッチを許す純愛系。心を開いてからは超速攻ですが。

30 順応性のある狼

媚びない甘えない「かっこいい女」でありながら、「細やかな心配りができる人」と、評価する男性は多い。

24 クリエイティブな狼

中性的な雰囲気から垣間見える「乙女」な部分に男心は萌える。仕事仲間や友人など、身内からモテる人。

36 好感のもたれる狼

依存しない、束縛しない、相手をきちんと信頼する。そんなあなたは本命の彼女としてのニーズが高い。

25 穏やかな狼

自分らしいこだわりとおしゃれ心があるあなた。目利きで好みのうるさい男性にしっかりモテています。

セックス

信頼と安心の濃密エッチこそ、快感への道

エッチへの興味や欲求は人一倍強い狼女子。しかし、相手は誰でもいいってものじゃなく、自分の話をよく聞いて理解してくれる男子じゃないと、そうそう簡単には落ちない、やらせない。

反面、心を許した相手には「ホメ言葉」ひとつであっけなく落ちることも。相手との信頼関係ができると、大胆にセックスを楽しみます。ベッドの上では濃厚な快感直結系エッチが好み。全身を撫でまわされたり、キスの雨を降らせる…なんてまどろっこしい前フリはいらない。「感じる部分を集中的にガンガン攻めてほしい」ピンポイント派。正常位よりバックや騎乗位、キレよりコク、マイルドよりワイルドが好き。狼女子にとって「セックスのクオリティは回数じゃなくて中身」が信条なので、「何度も!」より、1度のセックスで、深くて濃い快感を与えてくれる男性じゃないと満足できません。

環境や雰囲気が変わると気持ちも変化するので、平日より週末、家より旅先が燃えます。

狼女子の**結婚最適キャラ**

1位　たぬき
2位　ライオン
3位　ひつじ

なぜか妙にからだの相性がいいひつじ、互いが特別な存在だと感じるライオン。そして12キャラ中、たぬきと狼だけが「イヌ科」の動物ということもあり、個性は違うのに惹かれ合う間柄。

狼女子の**恋人最適キャラ**

1位　猿
2位　子守熊
3位　黒ひょう

価値観や感性が似ている黒ひょう、一緒にいて楽しい子守熊。明るく元気な猿男は正反対の性格だけれど、どこかけなげで癒される。とっつきにくい狼を上手にリードできる男たちです。

結婚

早婚、晩婚、事実婚…何でもあり

適齢期を気にしたり友人の結婚などに影響されることなく、「この人!」が現れたときが狼女子の適齢期。婚期が早かろうが遅かろうがあまり気にしません。

一方で、未来を計画することより「今が大事」「今を楽しく生きる」オプティミストな一面もあるので、思い立ったら即入籍!的なドラマチックなスピード結婚も大いにありえます。狼女子の恋愛期間は比較的短く、瞬時に燃え上がって結婚へ。

世間体を気にしない狼女子にとって相手の家柄、学歴、職歴などは「倖せな結婚」への条件にはなりません。頼れるのは自分が持つ独自の感覚と曲げられない価値観だけ。「結婚=安定と安寧の生活」と考えている男子とはうまくいきません。自分の人生観が変わるくらいの個性の持ち主と結婚すると、結婚生活は快適で刺激的なものになるはず。結婚後も夫に依存することなく、自分好みの家庭をマイペースでつくりあげていきます。

ここがダメ恋

「可愛くない女」

狼女子の辞書に「媚びる」という文字はなく、男子をきゅんとさせるような、甘めの言葉が言えないのが弱点です。メールも絵文字不足、LINEもスタンプなし、用件のみの短文となれば、もはや「業務連絡?」と思われてもしかたなし。ぷつりと糸が切れるようにフラれるのは、相手を寂しくさせたから。たまには可愛いフレーズを使ってみて。

気になるあの人との相性

恋愛度	♥♥
SEX度	♥♥
結婚度	♥

狼女子×狼男

独創的で変わったことやユニークな人が大好きな狼。自分と同様、個性的な狼に一瞬惹きつけられますが、価値観や感覚が自分と同じため、すぐに冷めてしまいます。お互い似た者同士なので相手の考えや手の内もバレバレ。わくわく感もないのでラブにもエロにも発展しません。ただ同キャラだけに、ひとりで過ごす時間が好きで、自分のペースを乱されたくないという気持ちはわかるので、つかず離れず、友人としてはよい関係が保てます。

恋愛度	♥
SEX度	♥
結婚度	♥

狼女子×こじか男

〝自分流〞を貫くワイルドな狼にとって、ピュアで子どもっぽいこじかは恋愛するには物足りない相手。強く押してほしいのに、本音でぶつかってこない態度にいら立ちます。こじかの長所である優しさも、狼にとってはただの優柔不断。刺激が足りずつまりません。変わったことに価値を感じる狼と、“普通”を愛するこじかくん。キャラが違いすぎて話もかみ合わず、恋愛に発展する余地はなし。友だちでいるのが精いっぱいです。

恋愛度	♥♥♥♥♥
SEX度	♥♥♥♥♥
結婚度	♥♥

狼女子×猿男

自分とは異なる人当たりや愛嬌のよさに癒され、また共通する価値観も多い猿とはすぐに意気投合。何でも楽しくチャレンジし、いつも陽気な猿は、一緒にいて飽きず、何をやっても盛り上がる存在です。お互い過去にとらわれず、ねちねち根に持つタイプでもないので、たとえ大ゲンカをしても翌日にはけろり。相性ばっちりですがフェロモンは存在しないので、恋人より最高の男友だちに。性別を超え、親友として楽しくつきあえます。

恋愛度	♥
SEX度	♥♥
結婚度	♥

狼女子×チータ男

移り気なチータのそばにいると、狼はペースを乱されいらつきます。さらにチータは言うことがコロコロと変わり、また言ったことさえ忘れます。いい加減なことが大嫌いな狼は、そんなチータがただの嘘つきにしか見えません。一方チータも、ずけずけものを言ってくる狼はうるさい存在。近くにいるとお互い目障りで、近づけばケンカばかりするでしょう。チータが先に狼のもとを離れていきますが、決して追いかけたりしないように。

気になるあの人との相性

恋愛度……………… ♥♥♥
SEX度……………… ♥♥♥
結婚度……………………… ♥

狼女子×黒ひょう男

ルックスにはあまり興味のない狼ですが、スマートで話題が豊富な黒ひょうには惹かれます。両者の共通点はプライドが高くて意外と不器用なところ。群れを嫌う狼にとって黒ひょうは、自分の気持ちを理解してくれるありがたい存在です。ただし、しつこいタイプが苦手な狼は、メールやLINEを何度も送ってくる黒ひょうのまめまめしさを面倒に感じます。束縛されずライトにつきあえるのなら、恋人同士になれる可能性もあります。

恋愛度……………………… ♥
SEX度……………… ♥♥♥
結婚度…………… ♥♥♥♥

狼女子×ライオン男

百獣の王ライオンは、強くしっかりしているけど、実は甘えん坊。ホメてもらうのが大好きです。また狼のストレートな言葉にすぐ傷つく繊細さも持っています。そんなライオンは、クールな狼から見ればただのやんちゃ坊主で、面倒くさいだけ。一方ライオンは、独特のセンスやオーラを放つ狼に魅力を感じて誠実に尽くします。狼にとって単純なライオンは扱いやすいので、甘えん坊を大目に見られれば、いい結婚相手になるでしょう。

恋愛度……♥
SEX度……♥♥
結婚度……♥

狼女子×虎男

律義さや誠実さなど共通点の多い狼と虎は、お互いをわかり合える数少ないパートナー。本音で話ができるので、ストレスも溜まりません。自然に惹かれ合って接近していき、最強のカップルになれる可能性あり。ただ磁石では同極がはじき合うように、似ているぶんだけ反発し合うということも。意外にこの組み合わせが少ないのも事実です。マイペースな狼と相手を仕切りたい虎は、距離を置いたつきあいの方がいいかもしれません。

恋愛度……♥♥
SEX度……♥♥♥
結婚度……♥♥♥♥♥

狼女子×たぬき男

趣味も好みも違って共通点はほとんどないはずなのに、なぜか強く意識してしまう相手です。それもそのはず、12キャラの中でイヌ科の動物は、狼とたぬきだけ。価値観がまったく異なるため、親しくなるまでに時間はかかりますが、自分にはない部分を互いに補完する関係が成立します。孤独を愛する狼ですが、人間好きで、常に相手を思うたぬきの優しさに心を開き、恋愛関係に発展。ケンカはしても、仲のよいカップルになるでしょう。

気になるあの人との相性

恋愛度……♥♥♥♥
SEX度……♥♥♥
結婚度……♥

狼女子×子守熊男

計画を立てては着実にこなしていく狼女子と、長期的に物事を考え夢を追いかける子守熊男。狼女子は自分にないロマンに憧れ、子守熊男の夢を追い続ける姿に魅力を感じます。スピード感やテンポは合いませんが、「どこか変わった者同士」として共感するところも多く、互いに「放任」も「フォロー」もできる魅力的な関係。世渡り&言い訳上手の子守熊男と言葉足らずの狼女子、ケンカをするとしたら「言葉」の重みの違いが原因。

恋愛度……♥♥
SEX度……♥
結婚度……♥

狼女子×ゾウ男

妥協を許さない完璧主義のゾウは、威圧感をも相手に与える存在です。そんな力強いゾウに強烈なインパクトを受けて、最初は心を射抜かれます。でもつきあってみるとゾウは意外と繊細で心配性。それがわかったとたん、狼は急速に興味を失います。デリケートなゾウはそんな狼の思いをすぐに察知し、逃げ腰に。そこでさらに気持ちが遠ざかる狼とゾウとの恋はここで終了です。１度萎えた恋愛感情は、２度と燃え上がることはありません。

恋愛度	♥
SEX度	♥♥
結婚度	♥♥♥♥

狼女子×ひつじ男

ひとりでいるのが大好きな狼と、孤独が苦手で、いつもみんなで一緒にいたいひつじ。共通点はないものの、群れを嫌い、ひとりでわが道をいく狼の凛とした姿はひつじの憧れ。単独行動を好む狼の世話をせっせと焼いてくれます。べたべたと束縛されることを嫌う狼ですが、狼の才能を認め、とことん尽くしてくれるひつじはうれしい相手。ひつじの束縛が強くなれば重荷になりますが、適度な距離を持ってつきあえば結婚の可能性十分にあり。

恋愛度	♥
SEX度	♥
結婚度	♥♥

狼女子×ペガサス男

自由気ままなペガサスと、他人の干渉を嫌い、自分のペースを守りたい狼は、意外とよい関係を保てます。人と同じことがイヤで変わったことが大好きな狼は、ルールに縛られず、宇宙人的に大胆な発想を持つペガサスに興味をひかれぐいぐい惹きつけられます。しかし次第にノリや雰囲気で動くペガサスの奔放さが受け入れられなくなり、自分から立ち去ることに。もしその壁を乗り越えられたなら、案外ベストカップルになるかもしれません。

こじか女子の恋愛運命

恋愛の傾向

友だち以上恋人未満が心地いい

「全力で愛されたい。自分だけを見てほしい、かまってほしい」と心から願うこじか女子。「俺が守ってあげないとダメだ」と思わせる天然系の可愛らしい雰囲気を持っています。繊細で警戒心が強く、男女問わず人見知り。

恋愛もひとめ惚れはほとんどなく、初対面からなれなれしく調子のいい男性に心を開くことはありません。互いをよく知っている友人や仕事仲間が恋人に昇格するパターン。「友だち以上恋人未満の関係」がこじか女子のコンフォートゾーンです。

しかし恋愛関係に入ると、一気に独占欲が強くなり、相手の愛情を独り占めしたくなるのがこじか愛。一瞬でも離れているのは耐え難く、

こじか4分類のモテ度チェック

「恋人ならいつも一緒が当たり前だよね！」と密着度の高い関係を熱烈希望。それも性を感じさせる湿度高めなイチャイチャではなく、子犬同士がじゃれ合うようなイチャイチャ、可愛いキス、爽やかなハグが、愛情表現のこじかスタンダード。常に言葉や態度で愛情を示してくれないと不安になってしまいます。

はじめはけなげに尽くす初々しいこじか女子ですが、なれてくると次第に相手を思い通りにコントロールし始めます。自分の気持ちに嘘をつけないので、不満や怒りを我慢することなく発散し、相手には甘えっぱなし。最初は小悪魔的な魅力に思えたわがままに「かまってられない」「ついていけない…」男子が続出…。

世界の中心で純愛という名のわがままを叫ぶ

ピュアで真面目なこじか女子が男性に求めるものは「純愛」と「包容力」。服装や外見は二の次（とはいえ清潔感のあるルックスは必須）で、誠実で優しい大人の雰囲気を持った男性に「好きなのは君だけだよ、君を守る」なんて言われたら、恋愛を飛び越えて「結婚」に向かって、まっしぐら。

32 しっかり者のこじか

愛想のよさと屈託のない笑顔で、全方位的にモテる人。何をやっても「可愛い」とホメられる甘えん坊。

11 正直なこじか

キュートな魅力でモテ度は高め。同年代からは「限りなく恋人に近い友人にしたい女子」候補ナンバー1。

38 華やかなこじか

誰が見てもどこから見ても純正可愛い女子。世間知らずな天然ぶりもおちゃめで愛らしく、男子人気抜群。

17 強い意志をもったこじか

多くの男性から「守ってあげたい」と思われ、大切にされる、女子垂涎のモテ道の王道をいく人。

セックス

スキンシップで愛情をはかる聖なる小悪魔

こじか女子のセックスにおいて大切なのは、スキンシップと甘く楽しいコミュニケーション。性欲というより「イチャイチャしたい欲」が旺盛で貪欲なのです。

ホテルにいくまでは「そんな女じゃない」と、ぎりぎりまで抵抗してみたりするものの（こじか女子のお約束です）、ベッドの上ではけっこう大胆。清楚で淡白に見えますが、実はなかなかのエッチ。相手が喜ぶことなら何でもしてあげたくなってしまうので、「けなげ」「愛《う》いヤツ」と、評判も上々。学習能力が高いので、男性をメロメロにさせる表情やしぐさもエッチのたびに確実に習得します。

優しいエッチを好み、前戯（じゃれ合い）にはたっぷりと時間をかけてほしいので、タッチとキスは長め希望。いきなり挿入しようとするギラギラした輩《やから》には、愛も一瞬で冷めます。エッチ欲にムラがあり、求めているときは何でもありですが、ダメなときはキスすらお断り。気分次第で乙女にもエロ小悪魔にもなる、聖なる魔性の持ち主。

こじか女子の**結婚最適キャラ**

1位　子守熊
2位　虎
3位　ペガサス

甘えん坊のこじか女子に、癒し度の高い子守熊は、平和で穏やかな結婚生活をもたらしてくれる。わがままを許してくれる虎と、距離感さえつかめればいいパートナーになれるペガサスも好相性。

こじか女子の**恋人最適キャラ**

1位　チータ
2位　ゾウ
3位　ライオン

チータは自分にはない野性と自由を持つ憧れの存在。チャラさに怒ることも多いけど、カラッとした明るさは憎めない。頼もしくて強いゾウとライオンは、こじかが全力で甘えられる、安心の男子。

結婚

妻を第一に考えてくれる「甘妻家《けんさいか》」となら円満生活

恋愛では多少の冒険もしますが、結婚となると「優しくて誠実な男性」が絶対条件。家族の誰もが賛成してくれる相手を選び、トラッドな披露宴をして、さわやかな新生活をスタートさせる…。それがこじか女子にとって、ベストな結婚へのプロセスでしょう。

こじか女子は常に等身大の自分を男性に見せるので、結婚をしたからといって豹変することもなく、ふたりの関係性は恋愛時代から変わりません。それだけに、「結婚してもいつも恋人気分でいたい」「家庭で一番愛される存在でいたい」と考えています。となると、夫の両親との同居は避けた方が賢明。

子どもはほしいので、「子ども好き」であることも結婚相手への必須条件のひとつ。しかし待望の子どもが生まれるとこじか女子は子育てに夢中になり、一気にセックスレスになる可能性があります。子育てが終わった後で、急に寂しくなり「愛情」を求めて不倫に走る傾向も…。

ここがダメ恋

「ダマされやすい女」

好きになった相手を美化してしまう「目に愛のウロコどっさり」のこじか女子。純愛をエサにあっけなくダマされることが多く、危ない男にひっかかったり、ドロドロ不倫に巻き込まれたり…。潔癖なわりにダーティーな恋愛経験を積まされるハメに。愛を武器にからだを求める男性には、得意のうしろ蹴りで「NO!」しましょう。

気になるあの人との相性

恋愛度……………………♥
SEX度……………………♥
結婚度……………………♥

こじか女子×狼男

好きな人といつも一緒にいたい、かまってほしい。そんな甘えん坊のこじかと、孤独を求め、ひとりで行動したい狼に接点はありません。放っておかれたい狼の気持ちなどお構いなしに「一緒にいたいの」とアピールするこじかを、最初のうちは「可愛いヤツ」だと思ってくれても、それはいっときのこと。徐々に面倒くさい女と思われて、逃げられてしまいます。狼との関係を続けたいのなら、少し大人になって、適度な距離を保つこと。

恋愛度……………………♥
SEX度……………………♥♥
結婚度……………………♥

こじか女子×こじか男

可愛いこじかちゃんと優しいこじかくん。ノリも同じで一緒にいると楽しくホッとできる存在です。一見ナイスカップルに見えますが、どちらも甘えん坊で依存心が強いので、お互い激しく自己主張をし合って衝突が始まります。最初はケンカをしてもすぐにベタベタくっつく関係を繰り返しますが、いずれは我慢できずに破局を迎えることに。どちらかが大きな心を持って相手を包み込まない限り、恋人関係を続けていくのは難しいでしょう。

恋愛度……♥♥
SEX度……♥
結婚度……♥

こじか女子×猿男

まめで気配り上手の猿と一緒にいるのはとても楽ちん。仲のよいカップルになれますが、猿にとっては恋愛さえもゲーム感覚。好みのタイプがいればすぐにチャラチャラ目移りするので、自分だけを愛してほしい、いつもイチャイチャしたいこじかは徐々にストレスが高まります。でも腹が立っても猿にはあまりしつこくしないのが鉄則。ライトな感覚でつきあえば恋愛関係は長く続きます。ちなみに猿は、エッチもムードより回数勝負です。

恋愛度……♥♥♥♥♥
SEX度……♥♥♥♥♥
結婚度……♥♥

こじか女子×チータ男

こじかにとって野心的でスタイリッシュなチータは憧れの存在。好きになったら追いかけて、べったり一緒にいたいこじかに対し、チータは逃げの一手。なぜならハンター気質のチータは追うのが好きで、追われるのが苦手。とはいえ、可愛らしいこじかにつきまとわれ、かまっているうちに、恋人同士になる可能性も。チータの気をひき続けたいなら、たまには逃げる素振りを見せてじらすこと。逃げれば追ってくるのがチータです。

気になるあの人との相性

恋愛度	♥
SEX度	♥♥
結婚度	♥

こじか女子×黒ひょう男

両者ともに友だち以上、恋人未満の関係が大好きな、とても気の合うカップルです。ただし、相手を束縛してわがままになりがちなこじかと主導権を握りたがる黒ひょうは、一緒にいるうちお互い我を通そうとして衝突することに。毎日べったり寄り添う関係よりも、会う頻度は少なめにして、代わりにLINEやメールで愛を交わし育てるのが向いています。楽しいやりとりは途切れることなく続き、いずれはなくてはならない存在に。

恋愛度	♥♥♥♥
SEX度	♥♥♥
結婚度	♥

こじか女子×ライオン男

常に優位に立つ強いライオンと、上手に甘えて庇護してもらうこじか。出会ったころはライオンのぐいぐいひっぱってくれる強引さにメロメロになり、何でもライオンの意のままなすがまま。けれども徐々に威張り放題のライオンにストレスを感じてきます。そしてこじかと同じく甘えん坊のライオンも、こじかに甘えられてばかりでストレスに。恋愛関係を長続きさせたいのなら、ライオンに頼りながらもたまには甘えさせてあげましょう。

恋愛度	♥
SEX度	♥♥♥
結婚度	♥♥♥♥

こじか女子×虎男

包容力があってしっかり者の虎は、守ってもらいたいこじかにとってはとても頼もしい存在です。面倒見もいいので安心感も抜群です。けれど虎は、遠まわしにものを言うことが苦手。いつでも本音の直球です。デリケートなこじかはきつい言葉にそのたび傷ついてしまうかもしれません。また虎は、すべての人を助けてあげたい博愛主義。自分だけを守ってほしい、愛してほしいとわがままがすぎると、とっとと逃げ出していくでしょう。

恋愛度	♥
SEX度	♥
結婚度	♥♥

こじか女子×たぬき男

優しくされたいこじかと、かまってほしいたぬき。似た者同士、友だちなら相性はぴったりです。恋人関係ならたぬきが大人の男を演じ、こじかを温かく包んであげればうまくいくでしょう。相手の気持ちを大事にするたぬきと甘えん坊のこじかの相性はぴったりなので、関係は長続きして、心を許し合えるカップルに。ただ八方美人なたぬきと独占欲の強いこじかですから、互いのバランスを上手に取るのが難しいかもしれません。

気になるあの人との相性

恋愛度	♥♥
SEX度	♥♥♥
結婚度	♥♥♥♥♥

こじか女子×子守熊男

サービス精神旺盛で、何かと親切に面倒を見てくれる子守熊は甘えがいのある相手。疑り深く計算高い面もありますが、純粋無垢なこじかには心を許し、あれこれ親身にサポートしてくれます。結婚には最適の関係ですが、問題はスキンシップが大事で下ネタ嫌いのこじかと、一方スキンシップが苦手でエッチな会話で盛り上がりたい子守熊。お互い干渉しすぎずこのギャップを埋められれば関係は長続き。理想的なカップルになるでしょう。

恋愛度	♥♥♥♥
SEX度	♥♥♥
結婚度	♥

こじか女子×ゾウ男

意外とせっかちなゾウとおっとりさんのこじか。スピード感の違いを克服できるかが、恋愛のカギとなります。生真面目なゾウはこじかに甘えられると全力でフォロー。保護者のように優しく尽くします。最初のうちはそんなゾウにうっとり、倖せを感じますが、次第にゾウの頑固でわがままな面が出てくると、ケンカが絶えなくなるでしょう。こじかも負けず劣らずわがままなので、１度ひびが入った関係を修復するのは至難の業です。

恋愛度 ♥
SEX度 ♥♥
結婚度 ♥

こじか女子×ひつじ男

いつも誰かと一緒にいたいこじかと寂しがり屋のひつじは、心優しい似た者同士。お互いに惹かれ合い、恋人になるのに時間はかかりません。ただし、いつだって「今」をエンジョイしたいこじかに対して、常に「過去」を振り返るひつじ。考え方の違いからケンカすることもしょっちゅうです。ひとりでいるのが苦手な両者にとって、大切なのは密なコミュニケーション。会えなくてもメールや電話で頻繁につながっていることが大事。

恋愛度 ♥
SEX度 ♥♥
結婚度 ♥♥♥♥

こじか女子×ペガサス男

強烈な個性を発揮し、自由奔放に生きるペガサス。価値観も人生観も愛情表現もすべてがぶっ飛んでいて、こじかにとっては驚くことばかり。まるで異星人のような存在です。恋への発展は、冒険を恐れる臆病なこじかがペガサスに飛び込んでついていけるかどうか。ペガサスの大胆さを受け入れてつきあえば、こんなに盛り上がるカップルもないかもしれません。ただし恋愛関係継続の条件は、わがままを控えること、ペガサスを束縛しないこと。

猿女子の恋愛運命

恋愛の傾向

フレンドリーでスマートなかけひき上手

好奇心旺盛で頭の回転も速く、無類の遊び好きで刺激好き。そんな猿女子にとって、恋とは「めちゃくちゃ楽しいゲーム」であり、倖せな恋とは「好きな相手と今日1日を楽しく過ごすこと」と、気持ちいいほど単純明快なポリシーを持っています。

人の気持ちを察するのが得意で、明るくフレンドリーな猿女子は「可愛くて面白い！」と、幅広い世代の男性からウケがよく、どこへいっても恋の好機に恵まれるタイプ。

惚れっぽく、好みのルックスの男子にはすぐ夢中になり、きゅんときたら、その場で即アプローチする速攻派。恋愛はゲーム感覚なのでかけひきもうまく、臆することなく「好き」と言える素直さもあり、

猿6分類のモテ度チェック

3 落ち着きのない猿

誰とでもフレンドリーに接し、楽しく会話できる才能あり。幅広い世代の男性に支持されている人気者。

9 大きな志をもった猿

ボケもつっこみもＯＫのノリのいい人気者。「面白さ」で、一部男性からカルト的に愛されています。

猿女子にとって「おつきあい」はそう難しいものではありません。積極的にアプローチして交際まで持ち込む手腕はお見事。

好奇心旺盛。同時多発交際OK

常に刺激を求めているため、現在交際中でも、気になる男性がいると、ついつい手を出してしまうのは恋多き猿女子の習性のせい。二股三股も「ま、いっか」と、けろり。ウェットな情念やシリアスさがないので、修羅場もどこかコミカルだったりするのも猿女子ならでは。

競争心が強いので、ライバルがいるとがぜん（ときに意味なく）燃えます。特別に好きでもない男友だちの前に、その男友だちのことが好きだと言う女性が現れたとたん、「なんか私も好きかも！」と参戦。気がつけば、「そういう関係になっちゃった」ということもよくある話。

猿女子の男性選びは目的や価値観を共有できることが大事なポイント。つきあい始めると「恋人同士なんだから、同じ考えのはず」と思い込み、ちょっとでも違う意見を言われると、自分を全否定されたようなショックを受けて、ひどく落ち込みます。早合点で自分から別れを言い出すことも多いので、「短気は損気」と肝に銘じて。

40 尽くす猿

面倒見がよく、細かい気配りができるあなたは「尽くされたい、なごみたい」男性から超モテモテ。

15 どっしりとした猿

何をやらせてもそつなくこなす優秀な人。年下や同年代はもちろん、年上男性からもなつかれています。

46 守りの猿

「可愛くて面白い」と男子人気は高め。飲み会などでも大モテですが、なぜか本命以外からよくモテる。

34 気分屋の猿

くるくるとよく変わる表情、絶妙なリアクション。高いコミュニケーション能力で老若男女に大モテです。

セックス

ムードよりゲーム、中身より回数が愛の証

ポジティブで明るい猿女子は、恋愛でもセックスでも堅苦しい雰囲気を嫌い、軽いノリのお誘いでも気が合えば心もからだもオープン。しかしベッドの上では意外に従順で、基本は「守備」「受身」型。精神的に柔軟M系なので、相手の要望におこたえする準備もあり、好奇心も忘れていません。とはいえセックスは大好きなので、スポーツやゲーム感覚でとことん楽しみます。

大事なのはムードよりリアル。なんといっても回数がすべてです。長くて濃い渾身の1回！　よりも、さくっと軽いエッチを3回の方が断然うれしいのが猿女子の性《さが》。なぜなら「何回愛し合ったか？」が、愛情と楽しさのバロメーターだから。会った日や場所、エッチの回数など克明に記録し、「すごいよ、今日は新記録達成だね！」と、妙に感激するのは、趣味と実益を兼ねた「快楽」。そんな愛と性の数値化も猿女子の習性のひとつです。短期集中目的遂行型なので、エッチが終わると余韻を楽しむことなく、即退室。

猿女子の結婚最適キャラ

1位　ゾウ
2位　たぬき
3位　狼

普段はワンマンなゾウ男だけど、猿女子が主導権を握ればなぜか上手にコントロールできる。「幸福なかかあ天下」が実現。たぬきの温かい包容力、狼のクールな愛情は猿女子の結婚にぴったりマッチ。

猿女子の恋人最適キャラ

1位　黒ひょう
2位　ひつじ
3位　虎

スマートでかっこいい黒ひょう男と猿女子は、「友人」として意気投合。互いが本当に理解し合えれば、最高の恋人になる。気の合う仲間のひつじ、正反対の個性を持つ虎も親友からやがて恋人候補に。

結婚

明るく楽しい家族計画を実現する

20歳年上から、ひとまわり年下まで、結婚相手の守備範囲は広く、年齢や学歴、家柄など社会的な条件より「一緒にいて楽しい、疲れない」人が絶対条件の猿女子。肩のこらない結婚生活が何より大事なので「カジュアルと遊び心」という価値観を共有できる人とならば、楽しい結婚生活が送れそう。

経済感覚はしっかりしているので、披露宴などにお金はかけず、新生活につぎ込む合理的な堅実派。蓄財も得意です。オリジナルレシピ100種類、家族3人で5万円旅行、100円ショップのアイテム研究、電気代の節約…など、身近な目的を数値化して設定し、その達成を目指します。どんなことでも楽しく取り組むのが、猿女子最大の魅力であり才能。夫婦で同じ目的や目標を共有することが「明るく楽しい家族計画」の第一歩です。猿女子は家事能力も高く、賢い主婦になる素質は十分。自分の自由になるお金は絶対に必要なので、結婚後も仕事をして、ゆとりと遊びある生活を楽しみます。

ここがダメ恋

「逃げる女」

つきあうのは得意だけれど、究極の別れ下手。別れ話が持ち上がると、シビアな状況に耐えられず、自然消滅を願って、毎度、逃げるかうやむやの2択に。嫌われても傷ついても、けじめをつけて次の恋へ。さもないと、切れなかった元彼が現れて、思わぬ修羅場に発展することも…。

気になるあの人との相性

猿女子×狼男

恋愛度……………………♥
SEX度……………………♥♥
結婚度……………………♥♥♥♥

楽天的で誰とでも楽しくつきあう猿にとって、他人に合わせることなく常にマイペース、クールな狼はとても新鮮。また狼も、気さくでいつも明るい猿に癒され、お互い気になる存在です。性格は違っても、価値観は似ているので一緒にいると楽。ストレスなく友だちとしても恋人としてもうまくつきあえます。ただ楽な反面、刺激が少ないと感じることも。適度な距離を保てば相思相愛のまま関係を続けられ、よい結婚相手になる可能性あり。

猿女子×こじか男

恋愛度……………………♥
SEX度……………………♥
結婚度……………………♥♥

優しく穏やかなこじかは、好奇心旺盛の猿にとって少々物足りない相手かもしれません。それでも猿はこじかのそばにいるとついつい面倒を見てしまい、次第に情が移ってしまいます。せっかちな猿とのんびり屋のこじかでは、テンポが違いすぎて会話にズレが生じることも。また慣れてくるとちょいちょい出てくるこじかの気ままな言動もストレスになってきます。些細なケンカはしょっちゅう。それでもなぜかとても仲良しの奇妙な関係です。

猿女子×猿男

恋愛度……♥♥
SEX度……♥♥♥
結婚度……♥

社交的で頭の回転も速い猿同士のカップルは、一緒にいれば間違いなく楽しめる相手。けれど互いに盛り上げ役は自分ひとりで十分だと思っているので、そのうちストレスフルな存在に。また似ているがゆえ相手の心も手の内も読めてしまい、わくわく感もどきどき感もなし。魅力も半減してうまく恋愛には発展しません。からだの関係と割り切ってつきあうなら短期的に盛り上がることもありますが、距離を置いた友人でいる方が長続きします。

猿女子×チータ男

恋愛度……♥
SEX度……♥♥
結婚度……♥

どちらも恋愛には積極的な狩人タイプ。でも好みがまったく異なります。チータはケバいの大好き、派手好み。天真爛漫、無垢な猿にラブな興味を示すことはまれ。よってふたりが恋に落ちることもまれなのです。夢を追いかけ走り続けるチータと、そそっかしいけどピュアで堅実派な猿とでは、どうやっても価値観が合いません。陽気なチータと明るい猿はそこそこ気が合いますが、かるーい遊び相手でとどめておくのが無難でしょう。

恋愛度	♥♥♥♥♥
SEX度	♥♥♥♥♥
結婚度	♥♥

猿女子×黒ひょう男

世話好きでみんなに優しい黒ひょうは、猿ともうまくつきあえます。けれど決して長続きはしないでしょう。気が多く、いろんな人にすぐ目移りする猿を黒ひょうは束縛しようとし、猿はそんな干渉に我慢できません。またかっこよく見せたくて頼りがいのある男を演じる黒ひょうは、猿を支配下に置こうと躍起になります。それに猿は反発し、両者の間はケンカが絶えません。だけど、このふたりは強烈に惹きつけ合うのです。

恋愛度	♥
SEX度	♥♥
結婚度	♥

猿女子×ライオン男

他人に厳しく強い百獣の王ライオンも、猿には意外と従順になるから不思議です。何事にもこだわりを持つライオンと明るい猿は、学校や職場でならいい関係が築けます。しかし恋愛となると微妙です。ライオンは、元気で可愛い猿の考え方や言動を幼ないと感じてしまうのです。一方細かいことが気になる猿は、大ざっぱなライオンにイライラするようになり、お互いストレスが蓄積。恋人関係になっても長続きさせるのは難しいでしょう。

猿女子×虎男

恋愛度……………♥♥♥
SEX度……………♥♥♥
結婚度……………♥♥

遊びも趣味も同じ。共通点の多い虎は、一緒にいて楽しい相手です。相性がよく、恋人同士になっても長くつきあえますが、いざ結婚となるとうまくいきません。物事を細かく見ようとする猿と、全体像をとらえようとする虎。お互いの考え方の違いが衝突するのです。お互い役割分担を決め、上手にバランスをとればうまくいく可能性もあり。しかし猿にとって理想の結婚相手は、もっと気軽にそのときどきをエンジョイできるパートナーです。

猿女子×たぬき男

恋愛度……………♥♥
SEX度……………♥♥♥
結婚度……………♥♥♥♥

物事に動じず落ち着いているたぬきは、猿にとって頼もしい存在です。広い心でゆったり包んでくれて、まるでお釈迦様の手のひらの上で遊ぶ孫悟空のような気分に。また博識を披露したいたぬきと、好奇心旺盛で何でも知りたがり屋の猿の相性はぴったり。いつも人に合わせるたぬきとは競争にもならず、一緒にいると素直になれて安心できます。恋に発展すればケンカも少ない仲良しカップルに。結婚相手としても、相性はぴったりです。

気になるあの人との相性

恋愛度……♥
SEX度……♥
結婚度……♥

猿女子×子守熊男

「最後に勝てればいいや」と思う子守熊と、「今、勝ちたいの」と考える猿。イソップ寓話の『ウサギとカメ』にたとえれば、ウサギが猿でカメが子守熊です。物事に対するスピード感のズレは激しく、どうやっても歯車がかみ合いません。外で元気にはじけたい猿と、家の中でゴロゴロ、イチャイチャ睦んでいたい子守熊では、デートするのも難しい。永遠のライバルとして近くにいても、恋愛関係へ発展することはまずないでしょう。

恋愛度……♥♥
SEX度……♥♥♥
結婚度……♥♥♥♥♥

猿女子×ゾウ男

小賢《こざか》しい策略やかけひきが嫌い。恋愛にも正攻法で押しまくるゾウと、細やかさを持つ猿との相性はばっちりです。どんと構えて普段は人の言うことなど聞かないゾウですが、猿のわがままなら受けとめてしまい、いとも簡単に操縦されてしまいます。不器用なゾウとは逆に何でもてきぱきこなし、「今このときを楽しく刺激的に！」がモットーの猿に、ゾウがメロメロとはまっていくのです。結婚を前提につきあえば、パーフェクトな関係に。

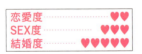

恋愛度……♥♥♥♥
SEX度……♥♥♥
結婚度……♥

猿女子×ひつじ男

気配り細やか、何でもよく気がついて、客観的なアドバイスをくれるひつじは、何でもゲーム感覚で刺激を求める猿にとってはうれしい存在。ごろごろ甘えるにも居心地がよく、一緒にいてストレスにもなりません。ただ結婚となると話は別。「合理性」が好きで野心的な猿と、穏やかで争いを嫌うひつじとでは価値観が違いすぎ、次第に衝突していきます。ただしひつじが主導権を握るか、猿を包み込む大きな器量があればうまくいくことも。

恋愛度……♥
SEX度……♥
結婚度……♥♥♥

猿女子×ペガサス男

誰からの束縛も受けず、大空を自由に飛びまわるペガサスにとって、日々現実的に楽しく生きる猿の存在は魅力的。相性はいいのですが、猿にとってペガサスの突飛な行動は意味不明。さすがに刺激好きな猿の理解をも超えて、一緒にいると疲れます。しかしペガサスが、猿の意のままに操られ、尻に敷かれる関係になれば、気持ちもからだもぴったりはまります。猿はペガサスの背に乗って空を自由に駆け巡る最高のカップルになります。

チータ女子の恋愛運命

恋愛の傾向

あの手この手を繰り出す恋愛ハンター

恋をしていないと「生きているかいがない」と思うほどの恋愛体質。チータ女子に生まれたからには恋多き人生はもはや宿命です。興味をそそる男性が現れたら、すぐさま全力でアプローチ。「考える前に走れ（動け）」がチータ女子のモットーなので、たとえ彼女がいる人だろうと、友だちの彼氏だろうと、雲の上のイケメンだろうと、まず走る！

簡単に手に入りそうな恋より、いけるかどうか!?の、ぎりぎり感がチータ女子の狩猟本能に火をつけます。男性選びに妥協はなく、センスとルックスを最重要視。派手でキュートな美形アイドル系、洗練されたファッションのイケメン系、スリムな美形インテリ系、成功オーラとブランドで身を包んだセレブ系を目の前にしたら、そのまま通りすぎるわけにはいきません。「あの人の恋人になる！」と決めたら、会話、笑顔、待ち伏せ、ときに色じかけ…と、持てるすべてのテクニックと情熱で恋を手に入れます。

その瞬発力は12キャラ中ナンバー1。ただし持続力に欠けるところがあるので、腰をすえた長期戦は苦手。じわじわと時間をかけて恋を実らせる前にその気もやる気も恋心も消失。だから短期決戦で「奪取」を誓います。

無理めな恋だからこそ熱く燃える

チータ女子にとって、恋愛の本質は高ければ高いほどいい「温度と刺激」。ほわほわと温かい和みの恋より、熱く燃えるスリリングな恋にどうしたって惹かれるのです。不倫や三角関係などの危険な恋も、溺れることなく楽しめる恋愛上級生です。どんな恋愛をしても自分の生活や性格が変わるようなことはありません。恋や相手が邪魔に感じたときはバッサリと躊躇《ちゅうちょ》なくサヨナラできるクールさもあり、フってもフラれても「いい経験ができた」と、本気で思えるポジティブさは魅力的。だからモテるんです。

1 長距離ランナーのチータ

ちょっぴり勝ち気でナマイキなところが男心をくすぐり、年上男子を中心にモテています。年下にも人気。

7 全力疾走するチータ

いつも大勢の人に囲まれている典型的な人気者。上昇志向の強いエリート男子から愛されるタイプ。

42 足腰の強いチータ

「一緒にいる男のランクを上げる女」と、エリートたちから真剣交際の相手として望まれるモテ女子。

48 品格のあるチータ

気まぐれでわがままなところも、小悪魔的でたまらない魅力。「1度はつきあいたい女」ナンバー1です。

セックス

「エッチから始まる恋もある」恋の野獣ちゃん

「恋愛とセックスは別物」というのがチータ女子の信条。だから清々《すがすが》しいほどに割り切ってエッチだけを楽しむことができます。日常の中の非日常にときめくので、アバンチュールな恋や突然のナンパから一気に燃え上がるようなセックスをどこかで求めています。好奇心や冒険心が旺盛なので、屋外や車中などのスリルある場所でのエッチもイヤじゃない。自分から提案することはなくても、誘われればあっさりＯＫ。

恋愛同様、セックスにも積極的なチータ女子は、ワイルドなエッチが好み。されるがままの受身では満足できず、相手を征服したい願望も旺盛です。「さらなる快感」を求めて体位や愛撫のグレードアップも要求。もちろん自分も味わい尽くすけれど、相手にも「官能パラダイス」を提供します。だからキスひとつにも手抜きはなし。「エッチから始まる恋もある」と思っているので、エッチも真剣勝負。１度のエッチで恋人を気取るような男性は当然アウトです。

チータ女子の**結婚最適キャラ**

1位　ひつじ
2位　子守熊
3位　こじか

無謀なチャレンジャーのチータ女子を優しくフォローしてくれるひつじ夫は家もちゃんと守ってくれる。人生を楽しみたい子守熊と、なんだかかまってあげたくなるこじかも家族としては好相性。

チータ女子の**恋人最適キャラ**

1位　ライオン
2位　ペガサス
3位　たぬき

肉食獣同士のわがままなライオンですが、パワーバランスがよく波長が合っているときは最高のカップル。ペガサスとは電光石火で恋に落ち、たぬきとはテンポも趣味も合わないのに不思議と仲良し。

結婚

家事に仕事に趣味に奮闘する熱血ママ

結婚が女の人生のゴールとは考えてはいないので、チータ女子はおおむね晩婚傾向にあり、飽きっぽい性格もあって離婚率はやや高め。「妻は家を守って家庭に専念するもの」という保守的な男性は最初に夫候補からはずしておくべき。

結婚後、家庭だけがフィールドになると、モテて自由に恋した独身時代が懐かしくなり、あっさりクライシスが起きるかも。家事に専念するだけではエネルギーを持てあましてしまうので、結婚後はますます仕事に趣味にエネルギーを注ぐことが家内安全の秘訣。

プラス思考で何事にも努力を惜しまないチータ妻は、自由で明るい家庭を築きます。苦労も困難も「人生なんとかなるようにできている」と、悲愴感なく楽々と越えていきます。ピンチですら、やりがいのあるチャレンジに変えるチータ女子は家族の精神的大黒柱。常識にとらわれないやり方で、熱血ママになることは間違いなし。ハンターの安住の地は、そんな自由で明るい穏やかな家庭です。

ここがダメ恋

「一歩間違えるとストーカー女」

振り向いてくれない人ほど燃えてしまうのがチータ女子。高嶺の男を追いかけすぎて、プチストーカーのようになってしまう危険も。逆にバッサリと相手を切りすぎて、思わぬ恨みを買い、トラブルになることもあるので要注意。「恋にリスクはつきもの」とはいえ、早とちりで相手の真意を汲み取れず、せっかくの恋を逃しています。

気になるあの人との相性

恋愛度	♥
SEX度	♥♥
結婚度	♥

チータ女子×狼男

恋愛とセックスは別。自由に男を駆け巡りたいチータが狼とつきあうのは至難の業。なぜなら狼はひとりの女性を愛して浮気もしない。チータと違い誠実な恋愛を好むからです。はずみで浮気しようが内緒でほかの男を誘おうが、そんなことはすべて見抜いてしまう狼。自由な恋愛を許してくれるはずもなく、チータは息が詰まり圧迫感を感じます。お互いプライドが高く主張を譲らないので、恋人関係はもちろん、友人になるのも難しい存在。

恋愛度	♥
SEX度	♥♥
結婚度	♥♥♥

チータ女子×こじか男

思いやり、おもてなしの心で相手に尽くす甘えん坊のこじかと、肉食系の情欲燃えるチータでは、生きる世界が違います。もちろん求める恋愛の形も方法も異なりますから、恋に落ちることはありません。けれどチータに従順に従うこじかは、近くにいると便利な存在。かまってもてあそぶのが楽しくて、学校や職場での関係ならうまくいくでしょう。チータのかまいたい気持ちが高じて、職場結婚に発展するケースも少なくありません。

チータ女子×猿男

恋愛度……♥
SEX度……♥♥
結婚度……♥

チータにとっても猿にとっても恋愛とセックスは別。お互いガンガン攻める似た者同士なので、ぶつかり合うことは必然です。たとえノリで燃え上がり、つきあうことになっても猿の細かさにチータがいらつき、チータのデリカシーのなさに猿はむかつき、長続きはしないでしょう。肉体的にも、せっかちなのに何度もしつこい猿と、1回の満足感を求めるチータとでは徐々に楽しめなくなります。万が一結婚しても長続きはしないでしょう。

チータ女子×チータ男

恋愛度……♥
SEX度……♥♥♥
結婚度……♥

どんなときでも前を向き、夢を追いかけ全力疾走のチャレンジャー。そんなチータとチータの関係はデスマッチ。学校やサークルなどで遊ぶ程度の関係なら楽しく盛り上がることもできますが、恋愛となると衝突し、バトルの連続。意地を張り合い、とことん痛めつけ合います。互いに深く傷ついて別れを迎えることになるので、そうなる前に早く見切りをつけるのがベター。チータ同士の関係は、距離を保って浅くつきあう方がうまくいきます。

気になるあの人との相性

恋愛度……………………♥♥
SEX度……………………♥
結婚度……………………♥

チータ女子×黒ひょう男

お互いにプライドが高く、「自分大好き」なチータと黒ひょうは、相容れない関係です。黒ひょうのスマートな親切心や人当たりのよさもチータには鼻につき、お人好しの長話にもうんざり。いい人ゆえの献身的な優しさも、しつこく感じてしまいます。そうなったら飽きるのも早く、逃げ足も速いチータはさっさと黒ひょうのもとから立ち去ります。気持ちをすぐに切り替え、次なる獲物を求めてダッシュ。なので恋愛関係までたどり着けません。

恋愛度…………♥♥♥♥♥
SEX度…………♥♥♥♥♥
結婚度……………………♥♥

チータ女子×ライオン男

移り気なチータですが、無敵の百獣の王には心メロメロ、からだまでトロトロです。強く大らかなライオンと一緒にいると、背伸びせず自然体の自分でいることができ、とてもリラックスできるのです。言葉で伝えなくてもライオンとなら以心伝心、お互いに考えていることがわかるという存在。束縛し合うこともなく、会っているときだけ燃え上がることも可能です。年上の包容力豊かなライオンに出会ったら、もうずっぽり溺れてしまうかも。

恋愛度	♥
SEX度	♥
結婚度	♥

チータ女子×虎男

実は12キャラ中、チータが最も苦手なタイプがこの虎です。自信たっぷり、悠然とした虎に惹かれながらも、その雰囲気にのまれてしまうのです。何でも言いなり、思ったことも言えません。魅力的なチータの狩人気質も大胆さも失って、まるで籠《かご》に押し込められた鳥状態。大勢の仲間のひとりとして虎がいるならOKですが、ふたりきりだと圧迫感に耐え切れず、逃げ出すことになるでしょう。頑張っても友人どまりで恋人への進展は無理。

恋愛度	♥♥♥
SEX度	♥♥♥
結婚度	♥

チータ女子×たぬき男

おっとり、何でも言うことを聞いてくれるたぬきは一緒にいて安心できる相手。チータの言い訳もすべて信じて受けとめてくれるので、衝突することもなくまったりできます。また存分に主導権が握れて自由気ままにたぬきを操れるので、ストレスフリー。好きになったら即攻めて、やりたいことは即実行。そんな愛の狩人チータにとって、ダッシュしすぎて転んだときや疲れたときにはたぬきの癒しがありがたい。仲良しで恋人関係に発展。

恋愛度	♥
SEX度	♥♥♥
結婚度	♥♥♥♥

チータ女子×子守熊男

見た目も派手で、狙った獲物にはフェロモン全開で押しまくるイケイケチータと、慎重派でおっとりした子守熊。一見ぜんぜん違うタイプに見えますが、両者とも恋愛については超速攻型。自分のいい加減さも知っているチータにとって、子守熊はとても頼りになる存在です。好相性なので、第一印象でビビッときたらすぐ恋に発展するでしょう。わくわくときめくような恋愛にはならないものの、よき理解者となってくれ、結婚するには絶好の相手。

恋愛度	♥
SEX度	♥
結婚度	♥♥

チータ女子×ゾウ男

ゾウもチータも思いついたらすぐ行動。どちらもパワフルですが、短期戦なら瞬発力でチータの圧勝。けれどすぐに息切れしてしまいます。一方ゾウは１度決めたら最後までやり抜く力の持ち主。長期戦に持ち込まれれば、チータはゾウに押し切られます。自分と違う面に惹かれることもありますが、一緒にいると疲れてしまい、恋愛には発展しません。またお互い調子が悪いときには戦闘モードに突入するので、近寄らない方が無難な関係。

恋愛度……♥♥
SEX度……♥♥♥
結婚度……♥♥♥♥♥

チータ女子×ひつじ男

愛情深くて地道なひつじ。素直に言うことを聞いてくれ、扱いやすい楽な相手ではありますが、自由奔放&ワイルド好きなチータにとっては面白味が足りません。燃えるような恋愛は期待薄。けれど一緒にいるうちに、気づけばいつでも優しく尽くしてくれるひつじがなくてはならない存在に。落ち着いた家庭を築きたいなら、結婚相手としてはぴったりです。お互いわがままを抑えて思いやりを忘れなければ、安定した関係を築けるでしょう。

恋愛度……♥♥♥♥
SEX度……♥♥♥
結婚度……♥

チータ女子×ペガサス男

両者とも華やかで自由を愛する者同士、恋に落ちるまでに時間はいりません。出会った瞬間にビビッときて、バババッと服を脱いで、気づけばベッドの上に、なんてこともあるでしょう。束縛し合うこともなく、ストレスフリーな関係です。たくさんいる中の恋人のひとりと位置づけて、思い切りラブライフを楽しんで。恋愛だけなら最高の相手です。ただしどちらかが本気になって、束縛や詮索をし始めたらそこでこの恋は終わってしまいます。

黒ひょう女子の恋愛運命

恋愛の傾向

抜群のセンスでモテ度は上々

本当は人見知りだけれど、人の気持ちと空気をよく読み、誰にでも優しく接することができる黒ひょうは、真面目な八方美人。

ただし恋愛では八方美人が封印され、真面目で一途。正義感が強く、遊びや打算でつきあうことはできません。

「恋で自分を磨ける人」なので、恋愛は大好きですが、なかなか本気で人を愛せないのが黒ひょう女子の恋の闇。恋愛で傷つくことを極端に恐れているので、何もかもさらけ出して人を愛することはできません。このクールな臆病さは、繊細で誇り高い隠れ女王気質からくるものです。

「センスと感性」だけは譲れない黒ひょう女子は、自分と合う美的セ

黒ひょう6分類のモテ度チェック

5 面倒見のいい黒ひょう

一見、「クールで隙のないの女」でも話せば「気さくな世話好き女房」。そのギャップに惚れる男性は数多い。

44 情熱的な黒ひょう

「平凡な女子じゃときめかない」というハイセンスな男性たちから熱く支持されています。

ンスを相手にも求めます。かなりの面食いで、一緒に歩いていて自慢できるルックスとセンスの持ち主じゃないとときめかない。「性格が何より大事」とは言いつつ、「でも野暮ったい、ぬるい人は好きになれない」のが黒ひょう女子。好みのルックスの男性が現れれば、第一印象で恋に落ちることも多く、アプローチもクールを装いつつも積極的。けれどあきらめも早く、自分に気持ちが向いていないとわかると、なんの未練も執着もなく高速撤収。これも傷つきやすい隠れ女王の防御本能。

真面目で臆病な恋愛至上主義者

恋も愛も友情も作為的なことは苦手で、ロジックや損得勘定では動きません。黒ひょうの心を揺らすのはエモーション。それもスタイリッシュとは逆をいく義理と人情だったりします。面食いでクールで隠れ女王のくせに、人に嫌われたくない優しい人情家なので、頼られると弱く、お願いされると断れず。結果、大して好きでなくてもおつあいを始めてしまうというパターン。よく聞く、男友だちの相談に乗っているうちに友情から恋へ…って、黒ひょう女子のこと！

56 気どらない黒ひょう

異性の友人も多く、仲間内のマドンナ的存在。「友だち以上恋人未満」では圧倒的なモテ女子。

59 束縛を嫌う黒ひょう

見た目は洗練された大人、でも中身は子ども。M度少々高め、父性強めの男性にめちゃくちゃモテます。

50 落ち込みの激しい黒ひょう

簡単に心は開かないミステリアスな雰囲気が魅惑的。純な年下くんとワケあり男性に深くモテています。

53 感情豊かな黒ひょう

抜群の美的センスとちょっと浮世離れした独特の雰囲気の持ち主。スタイリッシュな男性から人気絶大。

セックス

相手に合わせてロマンチックに燃える

プライドが高く繊細な黒ひょう女子は、最初から鼻息荒くエッチをちらつかせる男性は激しく警戒。ある程度デートを重ねて「よし、この人なら大丈夫」と決めてからエッチを許す手堅い常識派。「エッチから始まる恋はなし」です。

普段はセクシャルな雰囲気を封印し、きりりとシャープな黒ひょう女子ですが、ベッドの上ではなかなかの乱れっぷり。ロマンチックな甘い言葉をささやかれながら、髪や首筋を優しく撫でられる…そんなエレガントなボディタッチなくしてセックスは成立しません。なにせネコ科なのでそわそわと撫でられるのは快感。舐めるのも得意。密着度が高く常にキスできる座位は、野性的でエレガントな黒ひょう女子のマストな決まり手。

つきあっている男性の影響を受けやすく、相手に合わせてSでもMでもスイートでもスパイシーでも変幻自在。ヒロインチックなリアクションは、場を盛り上げるために身についたテクニックです。

黒ひょう女子の**結婚最適キャラ**

1位　ペガサス
2位　ゾウ
3位　猿

ペガサス男も黒ひょう女子も共にスタイリッシュ。人もうらやむカッコイイ夫婦になれる。愛に不器用で一途なゾウ男と、笑いの絶えない猿男、どちらも黒ひょう女子が主導権を握れば円満カップル。

黒ひょう女子の**恋人最適キャラ**

1位　虎
2位　狼
3位　子守熊

磐石の安定感を誇る虎男は感情の針が大きく振れる黒ひょう女子をがっちりサポート。狼男はセンス次第で恋人候補に。同じロマンチック妄想仲間の子守熊。グラウンディング力の強さが魅力。

結婚

限りなく恋人に近いかっこいい夫婦が理想

理想が高いので、いざ結婚となると二の足を踏んでしまう黒ひょう女子。理想と現実のギャップに悩むので、結婚に踏み切るのにひと苦労します。「白馬に乗った美形で知的でセンスのいいどこか陰のあるスマートな王子様がいるはず！」という、妄想を直ちにやめて、現実的な結婚を考えればすんなり結婚へ。周囲を見渡せば、なかなか素敵な夫候補がいるものです。なんせ黒ひょう女子はモテるんですから。

いくつになっても、ここではないどこかへいきたくて、毎日何かにときめきを感じていたい黒ひょう女子は結婚後もときどき（いえ、たびたび）は、ちゃんとおしゃれして話題のお店でデートを希望。そんなふうに恋人時代の延長を楽しめる夫婦関係が倖せのカギ。

いつまでも若々しい奥さんでありたい黒ひょう女子は、結婚後も趣味や自分磨きに、さらに熱心になるので、自由になるお金と時間は必要不可欠。そのためにも結婚後も好きな仕事はぜひ続けること。

ここがダメ恋

「モテるのに結婚が遠い女」

美意識が高い黒ひょう女子は「顔はいいけれどダメ男」「顔はぶちゃいくだけどいい人」の究極の2択に、1秒も煩悶することなく、あっさり前者を選ぶ。恋愛はいいとしても結婚となると「ダメ男」は大問題。ならば「2番目に好きな男で妥協できるか」が、黒ひょう女子の婚期を決める。

気になるあの人との相性

恋愛度……………♥♥♥♥
SEX度……………♥♥♥
結婚度……………♥

黒ひょう女子×狼男

黒ひょう女子が、最も言うことをきかせられる相手が狼男。この力関係は絶対に変わることはありません。黒ひょうが突拍子もないことを思いつき、周囲からドンびきされても狼だけは理解してくれます。共にマイペースな個性派同士。話も合って好相性ですが、問題はトレンドに敏感でおしゃれな黒ひょうが、狼独特のファッションセンスを受け入れられるかどうか。それも個性だと思えれば、頼もしい相手となってユニークなカップルに。

恋愛度……………♥
SEX度……………♥
結婚度……………♥

黒ひょう女子×こじか男

スマートでクールに生きたい黒ひょうは、知的でパワフル&個性的な男が好み。優しい男代表みたいなこじかはタイプではありません。ぐいぐいひっぱってほしいのに、何でも相手に合わせようとするこじか相手では恋愛関係に発展するのは無理というもの。とはいえ面倒見のよい黒ひょうと、甘ったれで人に頼りっぱなしのこじかはけっこうよいコンビです。こじかが黒ひょう好みのルックスなら一時的なラブもあるでしょう。ただし長続きはしません。

恋愛度……………………♥
SEX度……………………♥♥
結婚度……………………♥♥♥

黒ひょう女子×猿男

繊細で落ち込みやすい黒ひょうにとって、猿はいつも明るく元気でエネルギーをもらえるし、気配りして楽しませてくれるので、心安らぐ相手です。猿にとっても黒ひょうは、スタイリッシュな上に優しく頼れて気になる存在。一緒にいてお互い楽しく飽きない相手ですが、なかなか恋人関係にはなりません。ただ相性はいいので、偶然の再会などをきっかけに、恋に落ちる可能性はあり。黒ひょうが主導権を握れば倖せな家庭を築くでしょう。

恋愛度……………………♥♥
SEX度……………………♥
結婚度……………………♥

黒ひょう女子×チータ男

アクティブで恋愛テクニシャンのチータに振りまわされ続け、黒ひょうはチータのしもべ、何でも言いなりです。なのに気が多い浮気性のチータは、ほかの女性ともせっせと恋を楽しみ、繊細な黒ひょうを傷つけます。恋人関係になれば次第にケンカばかりするようになり、チータが去っていくというパターンが多くなります。チータは天性のナンパ師です。好きな人には一途にまっしぐら。献身的に尽くしてしまう黒ひょうには手に負えません。

恋愛度……♥
SEX度……♥♥♥
結婚度……♥

黒ひょう女子×黒ひょう男

黒ひょう同士、自己主張の強さもプライドの高さも同じ。似ているので理解し合える相手です。惹かれる部分も多いのですが、お互いふたりきりでは緊張してしまい、気になっても自分からはアプローチできません。そして、もし距離が近づけば、両者共にメンツにこだわるため些細なことで衝突するように。お互いの弱点を攻撃し合い、傷つけ合う関係になるでしょう。距離を保てば友だちになることもありますが、恋愛は同類すぎて対象外です。

恋愛度……♥
SEX度……♥♥
結婚度……♥

黒ひょう女子×ライオン男

黒ひょうにとってわがままで何事にも強いこだわりを持つライオンは魅力的ですが、圧倒されてしまいます。何でもライオンの言いなりになってしまうので、好きでも会うたびストレスが溜まっていくことに。それでも世話好きな黒ひょうにとって、信頼した相手の前ではただの甘えん坊に豹変するライオンは、たまらない相手。せっせと尽くしてしまい、一方通行の恋が続きます。ライオンと相思相愛の恋人同士になるのは難しいでしょう。

恋愛度…………♥♥♥♥♥
SEX度…………♥♥♥♥♥
結婚度…………♥♥

黒ひょう女子×虎男

両者そろって正義感が強く、情にもろくて世話好きな人情派。共通点が多い上、さらにおしゃれな黒ひょうに虎は惹かれます。押しに弱い黒ひょうは、虎の強引なアプローチにあっという間に押し倒されてメロメロ陥落。自分に逆らう者は容赦しない強気な虎の性格が、黒ひょうの優柔不断なところをフォローして最高の恋人に。ただし慣れてくると次第に黒ひょうが主導権を握るようになり、虎を支配しようとします。そうなると関係が壊れるので注意。

恋愛度…………♥
SEX度…………♥♥
結婚度…………♥

黒ひょう女子×たぬき男

穏やかな人柄で、誰とでも仲良くつきあいたいたぬき。自分だけを見つめていてほしい黒ひょうは、たぬきがほかの女性とほのぼの話しているだけでも嫉妬に燃えてしまいます。些細なことに感情的に反応し、独占欲も強い黒ひょうは、たぬきを面倒に感じます。恋愛で傷つくことを極度に恐れる黒ひょうは、そんな気持ちになると自分から身をひくか、もしくはほかの男で心を癒します。恋愛は続かず、短期で終了するでしょう。

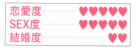

気になるあの人との相性

恋愛度	♥♥♥
SEX度	♥♥♥
結婚度	♥

黒ひょう女子×子守熊男

人を楽しませることが大好きな子守熊と黒ひょうが意気投合するシーンは多いはず。子守熊は気になった人には根気よくアプローチ。黒ひょうは最初はその気じゃなくても何度もまめに誘われるうち、次第に心を開いてしまいます。ロマンチストでありながら、コツコツ地道に頑張る子守熊と、地に足つかない夢見る黒ひょう。恋愛への発展もありますが、問題は、相手がその気になると急に冷める子守熊。関係を長続きさせるのは難しいかも。

恋愛度	♥
SEX度	♥♥
結婚度	♥♥♥♥

黒ひょう女子×ゾウ男

美意識の高いゾウにとって、スタイリッシュな黒ひょうはもろタイプ。猛然と押しの一手でとことん攻めまくります。一途な黒ひょうは、正攻法でぐいぐい押されることに弱いので、あっという間にハートを持っていかれます。根性のない黒ひょうと努力家のゾウ。おしゃれで面倒見のよい黒ひょうと純朴で意外と気の小さいゾウ。共に愛に対してピュアなので、互いに足りない部分を補い合え、よい結婚相手に。素敵な家庭を築くでしょう。

恋愛度……♥
SEX度……♥
結婚度……♥♥

黒ひょう女子×ひつじ男

　プライドが高く失敗を恐れる黒ひょうと優しく気配り上手のひつじは、どちらも相手の気持ちを推し量ってばかり。なかなか関係を進展できません。もたもたしているうちにほかの女にちょっかい出されてさらわれる、なんてことも多い。好きな人には思い切り攻め込まれたい黒ひょうにとって、同年代のひつじはデートもセックスも緩すぎて恋人には物足りません。恋愛テクに長けた年上にははまりそうですが、不倫関係にならないように注意。

恋愛度……♥♥
SEX度……♥♥♥
結婚度……♥♥♥♥♥

黒ひょう女子×ペガサス男

　クールでかっこいいことにこだわりを持つ黒ひょうは、華やかで会話のセンスも光るペガサスに瞬殺。あっという間に恋に落ちてしまいます。ペガサスのスマートなリードに黒ひょうは骨抜きになり、心もからだもペガサスの思いのまま。どうなってもいいというほど溺れてしまいます。ケンカはしても仲良しで、黒ひょうにとってペガサスは尽くしがいのある相手。ペガサスを適度に自由にしてあげられれば、結婚してもうまくいくでしょう。

ライオン女子の恋愛運命

恋愛の傾向

一流大好き。寂しがりな女王様

強い意志と自尊心を持ち、仕事に恋に人生にナンバー1とオンリー1を目指して日々努力するライオン女子。「媚びない、なつかない、愛想がない」女王オーラを放っているので、近寄りがたさを感じますが、内心は神経質な寂しがり屋の甘えん坊。

なかなか異性に心を開かないライオン女子ですが、自分が認めた人には真の愛情と真心を惜しみなく注ぎます。大好きな恋人の前では今まで見せていた厳しさはどこへやら、子猫のようにゴロゴロと無邪気にまとわりつく甘えん坊に変身。「ライオンの子猫化」というこの落差の激しい可愛い素顔は、恋人だけに見せる愛情の証拠。この究極のツンデレはライオン女子最大の魅力です。

ライオン4分類の
モテ度チェック

とはいえライオン女子の恋人試験はかなり手強く、独自の厳しい目で吟味。恋愛対象は、周囲から一目置かれるような華も実力もある男性。人柄、品性、能力、すべてにおいて「一流」を望み、男性の雰囲気や振舞いは大きな仕分けポイントになります。礼儀や常識に厳しく、初対面でのタメ口、だらしないファッションなど論外。

ホメられると好きになる

自分には甘く他人には厳しいライオン女子の好物は、わかりやすい「ホメ言葉」と「羨望のまなざし」。一流の男じゃなくても、「すごいね、かっこいいね、美人だね、頭がいいね」と、手放しにホメられるとついついうれしくなってガードがゆるみます。

基本的に「甘えられる年上」が好みで、頼りない年下男子は通常恋愛対象になりませんが、なんだか妙になつかれて恋人関係になることも。恋の始まりは厳しいライオン女子ですが、恋の幕引きは独特の優しさで静観します。相手への愛情がなくなっても責任を感じ、簡単に見捨てることができません。相手が自分のもとから去るまで面倒を見るという母性や父性に似た愛情の持ち主。

51 我が道を行くライオン

女王が心を許した相手だけに見せる甘えん坊ぶりは衝撃の可愛さ！そのギャップに男性たちはクラクラ。

52 統率力のあるライオン

明るくさわやかなリーダーシップを持つあなた。男性たちからは「気になる女友だち」として不動の人気。

57 感情的なライオン

「デキる女」なのに「奥手な女」。そこが最大のモテポイント。真剣交際を望む男性たちがじわりと接近。

58 傷つきやすいライオン

持って生まれた品格が魅力。野心に燃える男性たちから、本気でモテています。将来の勝ち組夫人率は相当高い。

セックス

ベッドの上でも無敵のライオンクイーン

プライドが高く、礼儀に厳しく、隙のないライオン女子ですが、ホテルに入った瞬間、愛の貪欲ハンターに豹変。大胆に求めます。すべてに自分の好みを通したいライオン女子は愛もエッチも主導権をがっちり握り、ベッド上でも女王様の魅力とパワーで相手を征服。

ただ、かなりの気分屋なので自分がその気にならないといくら相手に要求されようとエッチはしません。気分が高まったときは、獲物に食らいつく肉食獣のように野性的。それはもうラブシーンというより真剣勝負の格闘技の試合に近かったりします。

もちろん女王気分が満喫できる女性上位はライオン女子の定番。

淡白でマイルドなエッチに興味はなく、回数も質もスタミナも高水準を要求。相手が先に終わるなど絶対に許しません。

「人に厳しく自分に優しい甘えん坊」ぶりはラブシーンにおいても変わらず、自分がサービスするより、相手の創意工夫熱意努力を望みます。愛もエッチもやっぱりスパルタがライオンの愛情表現。

ライオン女子の**結婚最適キャラ**

1位　狼
2位　ひつじ
3位　チータ

身内愛が強いライオンと狼は結婚向き。ひつじ男はライオン女子のサポート役に徹することができるので、ひつじ夫で家内安全。チータ男とはつかず離れずの絶妙な距離感がつかめれば円満家族。

ライオン女子の**恋人最適キャラ**

1位　たぬき
2位　こじか
3位　ゾウ

癒し系のたぬき男はどこか弟のようで、タイプじゃないけど愛を感じます。こじか男の献身とゾウ男の憧れのまなざしは、ライオン女子にとってうれしいばかり。主従関係が崩れない限り愛は続きます。

結婚

ほしいのはプライスレスなステータスと天下

誰より仕事熱心で勉強家のライオン女子は、仕事に人生の生きがいを見出しているので、ついつい結婚があとまわしになり、婚期を逃す晩婚タイプが多し。ライオン女子が結婚で気になるのはズバリ世間体。相手の家柄や学歴、職業にもこだわりはありますが、求めるものは「才能と実力と華」。フィーリングなんていう「雰囲気」や「勢い」だけでは結婚に踏み切れません。恋愛の相手以上に結婚の相手には上質なステータスを求めます。

夫となる人はライオン女子の感情の激しさを上手にコントロールできる、優しくタフな年上男性ならOK。「かかあ天下」は必至ですので、妻に家庭を気持ちよく仕切らせてくれる人を選べば、結婚後は友だち同士のような和気あいあいのカップルに。

仕事と家庭は完璧に両立。ライオンママは外交的ですが、群れず、毅然としているので、ママ友の間でも一目置かれる存在。子どもの教育には熱心で、厳しい母になりそう。

ここがダメ恋

「怖い女」

デートも仕切る、ベッドでも仕切る、気に入らないことがあるとカッとなって怒鳴る、ときにはバッグを投げつけちゃう…と女王様は大暴れ。もちろん可愛くなんて謝れない。自分を曲げない一途さや正義感はライオン女子のチャームポイントでもあるけれど、「怖い女」と思われるのはかなり損。プライドのコントロールは喫緊の課題。

気になるあの人との相性

恋愛度……♥
SEX度……♥♥
結婚度……♥♥♥♥

ライオン女子×狼男

派手なものにしか興味をそそられないライオンですが、いつも冷静沈着、周囲と群れないニヒルな狼は気になる存在です。個人主義の狼と親分肌のライオンとでは共通点はないけれど、それがかえって謎めいて、お互い強く惹かれます。心を許した相手には誠実で、一途に愛する狼と、やはり好きな人には誠実で、実は寂しがり屋のライオン。1度結ばれれば離れられない関係に。家庭を大事にする狼はよい結婚相手、素晴らしい家庭を築けます。

恋愛度……♥♥♥♥
SEX度……♥♥♥
結婚度……♥

ライオン女子×こじか男

ライオンにとっていつも優しく尽くしてくれるこじかは便利で都合のよい男でしかありません。けれど一緒にいるとあまりに居心地がよく、次第に惹かれるように。慣れるとわがままになるこじかにも、ライオンが優位に立っているうちは気になりません。同年代だとわがままがぶつかりそうですが、年上のこじかなら思う存分甘えることができ、ライオンも素直な子猫に。相性はいいけれど、恋愛関係から結婚へと進展するかはこじか次第です。

ライオン女子×猿男

恋愛度……♥
SEX度……♥♥♥
結婚度……♥♥

明るく社交的な猿ですが、どんな相手にも媚びることなく本音でズバズバ。プライドの高いライオンは、素敵なお世辞も言ってもらえず、痛いところをつかれて傷つくことも。どっしり落ち着いたライオンに猿は憧れ、まとわりつこうとしますが、一緒にいるとストレスです。周囲を楽しませる面白い猿に興味を持っても、一定の距離を保つことをおすすめします。たまに会う友人なら盛り上がることもありますが、恋愛関係は厳しいでしょう。

ライオン女子×チータ男

恋愛度……♥
SEX度……♥♥
結婚度……♥♥♥

プラス思考でパワフルな者同士、ノリが一緒で気が合います。ライオンはいつもポジティブ、チャレンジャーのチータに自分と似た力強さや魅力を感じ、チータもライオンの堂々とした王者の雰囲気に惹かれます。いったん火がつけば激しく燃え上がれるカップルになりますが、両者とも態度がでかい強情者なので、そこを抑えて尊敬し合えばよい結婚相手に。逆境を一緒に乗り越えられる心強いパートナーとなって、倖せな結婚生活を送ります。

恋愛度……♥♥
SEX度……♥
結婚度……♥

ライオン女子×黒ひょう男

おしゃれで世話焼きの黒ひょうは、ライオンにいろいろとアドバイス。でも干渉されるのが大嫌いなライオンにとってそんな黒ひょうはうざいだけ。あれこれ手を尽くしてアピールしても、ライオンには一向に響きません。面倒くさいのと縛られることが苦手なライオンと、ねっちり束縛したがる黒ひょうとではうまくいきません。ファッションの相談相手くらいならありですが、それ以上深い話をするのは無理。恋愛への発展はないようです。

恋愛度……♥
SEX度……♥♥♥
結婚度……♥

ライオン女子×ライオン男

ライオン男は心を許した女性の前ではとにかく甘えん坊。そんな彼を最初のうちは許せても、ライオン女子は次第に腹が立ってきます。またどちらも自分が王者、ナンバー１でいたいので、たとえ恋人同士になったとしても、結局はぶつかり合うことになり、関係は長く続きません。一国にふたりの王様はいらないのです。相性は悪くないので、何かあれば協力し合える頼れる友人関係に。距離を置いてつきあう方がよいでしょう。

恋愛度	♥
SEX度	♥♥
結婚度	♥

ライオン女子×虎男

遠まわしにものを言ったり、お世辞を言ったりすることが苦手な虎は、誰に対しても本音でぶつかり直球勝負。他人を威圧する力のあるライオンですが、実は中身にいまいち自信がないので、虎にはどうしても大きな態度に出られません。反論もできず虎に振りまわされてしまいます。それでもグイグイとひっぱってくれる逞しさに惹かれ、虎に接近するものの、価値観が違いすぎるので恋愛関係は続きません。対等につきあえる貴重な友人に。

恋愛度	♥♥♥♥♥
SEX度	♥♥♥♥♥
結婚度	♥♥

ライオン女子×たぬき男

「相手の満足が自分の満足」がモットーのたぬきは、常に相手の気持ちに寄り添い、自分のキャラを変化させます。王者ライオンにもひるみません。それどころか「彼女のわがままを受け入れられるのは自分だけ」と、ライオンの好き勝手な言動に柔軟につきあいます。ライオンにとってはどんなわがままも受けとめてくれる優しい相手。燃え上がる恋というよりは、兄または弟のような感情を抱いてつきあいが続き、恋人関係が長く続くでしょう。

気になるあの人との相性

恋愛度……………………♥
SEX度……………………♥
結婚度……………………♥

ライオン女子×子守熊男

サービス精神旺盛な子守熊に魅力を感じるライオン。温和で大人しい子守熊なら簡単に手玉にとれると侮りますが、そんなライオンの気持ちなど子守熊はお見通し。思慮深くしたたかな子守熊にとって、単純で不器用なライオンの操縦などお茶の子さいさい。逆に手玉にとられ、知らないうちにコントロールされることになるでしょう。常に主導権を握っていたいライオンは、それを知って超キレるかも。恋人関係になるのは難しい相手です。

恋愛度……………………♥♥♥
SEX度……………………♥♥♥
結婚度……………………♥

ライオン女子×ゾウ男

押しが強いのに心配性なゾウと、圧倒的な威厳を放ちながらも内面は傷つきやすいライオン。強さをアピールしながら繊細な両者は理解し合える存在です。ゴージャスなものや人に惹かれるライオンにとって、華やかさのないゾウは魅力に欠けますが、ゾウは好きになったらまっしぐら。辛抱強くアタックしてきます。その気持ちにライオンは心を開き、いつしか恋人関係に。フィーリングはぴったりなので、一生のつきあいになることも。

恋愛度……♥
SEX度……♥♥
結婚度……♥♥♥♥

ライオン女子×ひつじ男

相手の立場に立って気配りできる心優しいひつじは、ライオンにとって一緒にいると安心できる相手です。またひつじの集団の和を維持する能力や客観的な判断力も魅力に。少し物足りなさを感じるものの、居心地のよいひつじとの関係を保ちます。つきあううちにひつじのグチっぽさがストレスになりますが、家族のような親密な仲になり、身内感覚で受けとめます。ライオンがサポート役に徹してしまえば、結婚にはお似合いのカップル。

恋愛度……♥
SEX度……♥♥
結婚度……♥

ライオン女子×ペガサス男

天を駆け巡るペガサスとジャングルの王者ライオン。両者ともにプライドが高く、ジャンルやタイプは違っても、スケールの大きさは負けず劣らず。共感できる部分が多いので、最初はお互い素晴らしい相手だと思うのですが、大ざっぱで細かいことが苦手なライオンと直感で生きるペガサスは、カップルとしては不適当。認め合うことはできますが、お互いの欠点を補い合う関係にはなれません。恋愛に発展する確率は極めて低いようです。

虎女子の恋愛運命

恋愛の傾向

イケメンに尽くし、尽くされたい！

堂々とした華やかなオーラと女らしさで異性を惹きつける虎女子。気位が高そうに見えますが、仲良くなると実は無邪気で気さくだったり、しっかり者で面倒見がいいとわかって、さらに惚れられる、ひと粒で2度モテる人。

恋愛は一途です。出会いは慎重だけど、おつきあいが始まれば相手のために何でもしてあげる情熱と覚悟あり。1度好きになればほかの男に目を奪われることなく、彼だけに愛情を注ぎます。

そして恋愛においては、自覚はないもののかなりのイケメン好き。自分が現実的で合理的なところがあるせいか、夢を追いかける少年のような心を持った男性に惹かれます。キラキラした目で夢を語るよ

虎6分類のモテ度チェック

6 愛情あふれる虎

頼りがいのある姉御キャラが人気。色恋抜きの関係から、いつしか身内感覚の恋人に…の、人情女子モテ。

43 動きまわる虎

清楚な色気や優雅さを感じさせる人。真面目で勤勉な〝誠実ど真ん中〟男子にモテています。

うな男性にドキリ。限りなく母性愛に近い女心で相手をすっぽりと包みたくなりますが、おつきあいがうまくいくのは、実は逆パターン。虎女子の夢や仕事や生き方を応援し、活躍を期待してくれる懐の深い男性との恋が正解。自分に厳しい虎女子にとって、何より胸に届くのは「好きな人からのエール」だから。

裏切られたら「倍返し！」

虎女子の恋の信条は「本気の恋しかしたくない」。遊び半分の恋には興味はありません。いつだって真剣勝負なだけに、裏切られたときは「倍返し！」。全身の毛を逆立てて威嚇する猫のように怒り狂います。そして激しく怒って憎んで、スパッとサヨナラ。別れたら最後、ダラダラと関係が続くことはありせん。だってそんな時間も関係も無駄だから。虎女子復縁愛の可能性は0％です。

筋金入りの恋愛体質ですが、恋のかけひきは得意ではなく、「嫌いじゃないって、好きなの嫌いなの、どっち！」「会いたいって、具体的にいつ？」と、探り合いを楽しむ心理戦にイライラ。言葉も態度も虎のボーダーのように黄黒（白黒）はっきりが好き。

55 パワフルな虎

弱きを助け強きをくじく、正義の人。好きな人にはとことん尽くす「頼れる女で可愛い女」の二刀流モテ。

49 ゆったりとした悠然の虎

母性と包容力が魅力のあなた。そんな慈愛オーラを本能的に察知した男性からモテにモテています。

60 慈悲深い虎

世話好きの人情家だけど、無垢でひたむきな少女のようなあなた。遊びでは手を出せない清純モテ。

54 楽天的な虎

気取らない開けっぴろげな性格で、自分に厳しく人に優しいあなたは名相談役。姉御系天使は全方位モテ！

セックス

欲望も好奇心も最強！　大胆なエッチのツワモノ

「相手に本気の愛情を感じるのはエッチしてから」という虎女子。セックスで相手への愛情がいっそう深まる、からだで恋するタイプです。性欲&精力ナンバー1の超肉食系女子なので、なんなら毎日でもOK。どんなに忙しいときでもエッチは別腹とばかりに、疲れ知らずであんなことやこんなことにもトライするタフネス。しっかり時間をかけた濃厚プレイが希望なので、淡白男子では相手になりません。

自分のからだに対する探究心も強く、どうしたらもっと気持ちよくなれるのか…真面目に熱心に取り組みます。雑誌の記事など参考資料を片手に「こんなのどう?」と、自ら提案、そして実行。体位も四十八手すべて試したいと思っている性の探求者です。相手にも「快感」を極めてもらいたくて、愛情とテクニックを全力投下。

一方で自制心も強く、1度拒否したらガンとして受けつけない潔癖性もあります。周期的にエッチ欲が高まるので、そのとき恋人がいないとからだだけの関係を求めてしまう可能性も。

虎女子の**結婚最適キャラ**

1位　こじか
2位　ペガサス
3位　黒ひょう

しっかり者の虎女子にとって、頼りなく愛らしいこじか男は面倒を見ずにはいられない存在。自由なペガサスとはフィーリングが合えば最強のコンビに。傷つきやすい黒ひょうはいい意味での腐れ縁。

虎女子の**恋人最適キャラ**

1位　子守熊
2位　猿
3位　ひつじ

いつも気をはっている虎女子には子守熊の「誠実」と猿の「笑い」とひつじの「癒し」が必要。どのキャラクターとも絶妙バランスの上に成り立つ、可愛いユニークな恋人たちです。

結婚

堅実な手腕で理想の家庭を仕切る

テリトリーをつくり、守ることに情熱を傾ける虎女子にとって、家庭は何より大事にしたいもの。そもそも恋愛は結婚のためにあり、結婚へのステップにすぎません。結婚を現実的にとらえているので恋愛時代のように、見た目や雰囲気で相手を選ぶことはしません。結婚に対して理想も高く、慎重なので、婚期は遅め。長い交際を経てゴールインというのもよくあるパターン。

相手の学歴や家柄、職歴など「ステータス」にこだわることはありませんが、現在の年収や生活レベルなどはしっかりチェックし、パートナーとしてやっていけるのか…現実的に判断します。

結婚後は、人前では夫を立てるよき妻を演じますが、実際の生活の主導権は自分ががっちりと握り、思い通りの家庭を築いていきます。夫婦が別々の世界で頑張って仕事をし、マイホームを建てるのが理想のひとつの形。金銭面でもしっかりちゃっかり管理し、ぜいたくよりも堅実を愛し、蓄財の手腕を発揮します。

ここがダメ恋

「言いすぎる女」

冗談やユーモアが好きで、笑いながらきつい一発を放つ虎女子。普段が優しいだけに、キレ味鋭い言葉に傷つく男性もけっこういて、軽いひと言で恋が終わることも。急激に関係が冷えだしたら不用意なひと言のせいかも。自分はけっこうなことを言うくせに相手から言われると「失礼な！」とキレるのも虎女子の特徴。良くも悪くもパワーがあることをお忘れなく。

気になるあの人との相性

恋愛度……………………♥
SEX度……………………♥♥
結婚度……………………♥

虎女子×狼男

同じ匂いを感じる両者は、会った瞬間からお互いなんとなく気になる存在です。いつも本音でぶつかり、縄張りでの君臨を望む虎は、ひとりマイペースに行動する狼がちょっと憧れ。また価値観も似ていて自分のペースを崩すことなくつきあえるので、楽な相手です。最初はいい感じで恋人関係になりますが、次第に狼の強い個性にひけ目を感じるように。短期間では激しく燃え上がっても、結婚は難しい。距離を置き、互いを認め合う関係に。

恋愛度……………………♥
SEX度……………………♥♥♥
結婚度……………………♥♥♥♥♥

虎女子×こじか男

肉食系、大胆で行動的な虎と、優しい草食系男子のこじか。共通点はないものの、人の面倒を見るのが当然の虎と守られたいこじかの相性はぴったりです。優柔不断なこじかを叱りながらも母性を刺激され、「私がいてあげなくちゃ」という気持ちから恋人に。仲間全員に気を配りたい博愛主義の虎が、ふたりの世界の中でイチャつきたいこじかの独占欲を受けとめられれば結婚してもよい関係に。ただし、べったりしすぎると息苦しくなるかも。

恋愛度	♥♥♥♥
SEX度	♥♥♥
結婚度	♥

虎女子×猿男

いつも堂々としている虎と、気配り上手でよく動き、周囲を常に楽しくさせてくれる猿。虎はそんな猿に心奪われますが、猿の方は頼りがいのある信頼できる友だちくらいでいいと思っています。もし猿が、虎の強引さを受け入れられれば恋人関係に。ただ猿は、ちょいちょい浮気するかもしれません。それを大目に見れば、まめに尽くしてくれるし面白いので飽きない相手。恋愛を思い切り楽しめる最高のカップルになるでしょう。

恋愛度	♥
SEX度	♥
結婚度	♥♥

虎女子×チータ男

裏表なく人と誠実に接する虎にとって、チータは初対面からなれなれしくて、信頼できない相手。でかい態度もむかつきます。一方チータは、落ち着きのある虎に魅力を感じてグイグイ接近してきます。興味がないので拒否しても、愛の狩人チータは決してめげません。逆に冷たくされるほど燃えて、猛アタックをしかけてきます。それでも虎が、チャラいチータに心を許すことはなし。主従関係なら成立しても、恋愛に進展することはありません。

気になるあの人との相性

恋愛度……♥
SEX度……♥♥
結婚度……♥♥♥

虎女子×黒ひょう男

スタイリッシュで世話好きの黒ひょうと、自然体で悠然と構えた虎。周囲に気を使ってばかりの黒ひょうは、気持ちが疲れたときにはついついどっしりした虎のもとにいってしまいます。自分のペースを乱されるのがイヤな虎は、そんな黒ひょうにきつい言葉を吐いて蹴散らしますが、それでも弱ったときには近づいてくる黒ひょう。虎の方も行き詰まってくると黒ひょうの斬新な意見で救われることもあり、恋人同士になれば助け合える関係に。

恋愛度……♥
SEX度……♥♥
結婚度……♥

虎女子×ライオン男

堅実でしっかり計算して動く虎と大ざっぱにハーレムを築くライオン。百獣の王ライオンとアジアの神の化身である虎は、つまり別の国を治める王様なのです。どちらも一歩も譲りませんが、人間社会では圧倒的に虎女子の勝利です。外では威張っているライオンも、虎の前では従順になって甘えてきます。けれど所詮自己主張の激しい者同士。つきあいが濃くなるほどに衝突します。虎の方がうんと年上の姉さん女房ならうまくいく可能性もあり。

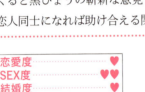

虎女子×虎男

恋愛度	♥
SEX度	♥♥♥
結婚度	♥

価値観が同じで、いいところも悪いところもわかり合える相手。友だちとしては最高の相性ですが、両者ともに縄張りを持つ親分なので、近づきすぎない方が無難。適度な距離感を維持しながらつきあえばうまくいく場合もありですが、恋愛関係になったら主導権争いが勃発し、長続きすることはありません。一緒に同棲など始めたら、とたんに両者の関係は破綻するでしょう。でも虎同士はいつでもお互いに尊敬し合い、助け合えるよき仲間です。

虎女子×たぬき男

恋愛度	♥♥♥
SEX度	♥♥♥
結婚度	♥

常にリーダーシップをとって仲間をまとめる虎と相手の気持ちを優先して思いやるたぬきの相性は抜群です。姉御と慕われる虎は、たぬきのほんわかムードに癒され従順でいられます。一緒にいると安心感があり、恋の対象としても惹かれるように。一方たぬきも虎に好意を持ちますが、それは親愛の情どまり。虎が主導権を握りたくてもうまくいかないのがたぬき。お互いに尊重し合えれば、友だちとして穏やかな関係を保てるでしょう。

気になるあの人との相性

恋愛度…………♥♥♥♥♥
SEX度…………♥♥♥♥♥
結婚度…………♥♥

虎女子×子守熊男

姉御肌でバランス感覚抜群の虎に、子守熊はものすごい尊敬と信頼を寄せます。慕われれば守りたくなる虎は、子守熊を大事に扱います。普通ならドンびきの子守熊の下世話なエロトークも笑って聞き流し、虎と子守熊は意気投合して恋愛へと発展。両者はお互い絶対に裏切らないという固い絆で結ばれ、どんな状況でも続く関係に。趣味や話題など共通点が多く、ずっと一緒にいても楽しめるので、夫婦のように穏やかな恋人同士になるでしょう。

恋愛度…………♥
SEX度…………♥
結婚度…………♥

虎女子×ゾウ男

武骨で一本気のゾウは、まわりのことなど見えずに突進し、周囲のペースを乱しがち。デリカシーのない言葉や行動で虎をイラつかせます。周囲とのバランスを大事にする親分気質の虎は、そんなゾウに手加減なくビシビシ注意します。ゾウの方は最初はそれも好意のうちと思い込むため、虎のストレスに。容赦ない虎は手をゆるめず、いつしかゾウをひどく傷つけます。のびのび突き進みたいゾウは、ついには虎の厳しさから逃げ出します。

虎女子×ひつじ男

恋愛度……♥♥♥
SEX度……♥♥
結婚度……♥

縄張り意識が強く人の世話ばかり焼いてしまう虎にとって、優しいひつじは心のオアシス。また周囲の和を大事にしようと頑張って疲れてしまうひつじを守ってあげたい気持ちが恋心に。普段は強い虎ですが、両者の関係でリードをとるのはひつじ。虎はどんどん自分のペースを乱され徐々にストレスが溜まっていきます。不安や疲れを癒してくれる相手でいるうちは恋愛関係もうまくいきますが、虎は次第に疲れてひつじのもとを去るでしょう。

虎女子×ペガサス男

恋愛度……♥
SEX度……♥♥
結婚度……♥♥♥♥

束縛を嫌い、自由に遊びたいペガサスと、現実的で何でも自分で達成する力を持つ虎に、共通点はありません。会話も趣味もかみ合わず、理解不能な相手であるはずなのに、なぜか気づけばいつも近くにいる存在。新鮮に感じて受け入れることができるのです。気持ちとタイミングが合えば、互いのプラス面だけを見つめ合い、思う存分関係を楽しめるナイスカップルに。ただべったりくっつきすぎると衝突するので、適度な距離感を保つのが大事。

たぬき女子の恋愛運命

恋愛の傾向

相手次第で変幻自在

たぬき女子は異性に限らず老若男女誰にでも合わせることができる天性の優しい社交家。「いい人」と思われたくて、ついつい愛嬌を振りまいて、本音は封印。本当の自分が出せないまま、恋に疲れてしまうのも、よくあること。

たぬき女子は、本当に好きな人には好きと言えなくて、口から出る言葉と真意には常にギャップがあります（嘘というのではなく）。なんだか知らないうちに「好き」と言ってくれる2番手や3番手の人とつきあうことになっていたりすることも。だって「好き」だとか「お願い！」には、とことん弱いので。「好きだ、お願い！」と、押されたら同情心もあって、大して好きでもない人でも落ちてしまうことも多い

たぬき4分類のモテ度チェック

のです。

たぬき女子は「受身」「出番待ち」体質なので、自分からアプローチするのは大の苦手。好きな人から声がかかるのを笑顔で待ちます。その物腰の柔らかさと愛嬌のある笑顔で、特に年上の男性からウケがよく、そういう相手とは恋もスムーズに進展。同年代や年下でも、クラシカルな癒し系が好きな男性からは大いに好かれます。

たぬき女子が思わず好きになるタイプは、今どきのカジュアルな雰囲気な男性ではなく、礼儀や作法もきちんとしていて心配りもできるトラッド系の穏やかな男性。ルックスや収入や職種より、育ちや人柄が気になるところ。

本心は封印！のアプローチ待ち

来る者拒まずの八方美人になりやすいたぬき女子ですが、遊びの恋はできません。どんな小さな恋愛でも、ゴールには結婚を設定している古風な恋愛常識派。しかし一方では、恋に溺れるとかけおちをも厭《いと》わないような情熱を秘めていて、年齢や経験を重ねるにつれて、「色気」「味わい」「華やかさ」が出てくるタイプです。

41 大器晩成のたぬき

相手を立てることができる古風な女らしさがモテポイント。ハイクラスな男性たちの恋心を優しくつかむ。

2 社交家のたぬき

親しみやすさと気配り上手で、各世代の男性から好かれるあなた。自分が思うより、広く深くモテています。

47 人間味あふれるたぬき

いつも笑顔で、決して出しゃばらない、奥ゆかしさが魅力のモテ女子。草食男子たちにとっては神的存在。

8 磨き上げられたたぬき

柔和な雰囲気と鋭い感性が持ち味。今どきの女子では物足りないセレブ系男子のどストライクゾーン。

セックス

心とからだが裏腹。和風で古風な桃色女子

口をついて出る言葉と真意が違うように、心とからだも裏腹なたぬき女子。自分の満足より相手の満足を優先させる献身や相手の要望要求に合わせてどんなプレイにも応じる従順さは、たぬき女子の天賦の才です。けれど、性欲は弱い方ではなく、エッチも決して嫌いじゃないし、何より感度は抜群なので相手の満足度は高し。

とはいえ、「肌のぬくもりを感じられる優しいセックス」がたぬき女子の本望。精神的な満足で愛が満たされるタイプなので、快楽を求める激しいセックスよりも、「腕枕で一緒に寝るだけでもいい」というのは、案外本音だったりするのです。

そんな清楚で純愛なボディ&ソウルを持つ反面、実は誰にも言えないくらいのエロい欲望を隠し持っているのもたぬき女子。お酒の力を借りて酔ったたぬき女子は、12キャラ中ナンバー1の奔放さ。つきあう相手によってセックスの質や快感も大きく左右されるので、そういう面でも経験豊富な年上が心身ともに好相性。

たぬき女子の**結婚最適キャラ**

1位　猿
2位　狼
3位　ライオン

なぜか気を使ってくれる猿男が夫なら、主導権はたぬき女子の手中に。特異なセンスの狼男と威風堂々のライオン男は、たぬき女子が惚れる相手。得意の奉仕精神と貢献愛で、夫婦の絆をつくる。

たぬき女子の**恋人最適キャラ**

1位　ゾウ
2位　チータ
3位　ペガサス

ゾウ男の不器用な男らしさにきゅんきゅん。自分とは正反対の個性を持つ華やかなチータ男にドッキン。なにかと振りまわされるペガサス男には、たぬき女子の尽くしたい願望を刺激され、ぞっこん。

結婚

賢く優しく、ときに大胆に家族を守る

古風で保守的な結婚観を持ったぬき女子は「家庭」をとても大事に考えています。昔ながらの亭主関白も余裕で受け入れる度量の大きさがあり、夫を立てて自分は一歩下がるという古風な良妻を演じつつ、陰でしっかり夫を操縦するタイプ。

ちゃめっけたっぷりの癒し系ですが、肝の据わったところがあり、清濁併せのむような豪快さも持ち合わせています。夫の浮気や夫婦に起こるであろう数々のピンチにも、あわてず騒がず切り抜けていく頼りがいのある妻や母に成長。相手のいいところを見つけてはホメ、その人の喜ぶ顔を見て倖せを感じるたぬき女子は、結婚後は子どもや夫をホメて育て温かい雰囲気のなごやかな家庭をつくります。

ただし我慢しすぎると突然、爆発してしまうので、仕事や趣味など自分だけの世界を持つこと。ひとり時間がガス抜きになります。

大器晩成型なので、年をとるごとに女性としての魅力が花開くたぬき女子。人妻になると年下の男性からがぜん注目されます。

ここがダメ恋

「面倒くさい女」

本音が言えないたぬき女子は、つきあいが長くなると封印していた不平不満や我慢がぐつぐつ煮詰まり、ある日突然「なんでみんな私の気持ちをわかってくれないの！」と爆発。そして号泣。実は12キャラクター中ナンバー1のわかりづらい女。男性にとってそのわかりづらさは謎というより、面倒だったりするので、本気の恋は本音で。

気になるあの人との相性

恋愛度	♥♥
SEX度	♥♥♥
結婚度	♥♥♥♥

たぬき女子×狼男

温かい人柄で人が大好きなたぬきとマイペースで孤独を愛する狼とでは、発想も行動もまったく異なります。でも全然重なる部分がないからこそ、お互い惹かれ合う存在。自分では想像もつかない狼の独創的なセンスや個性的なルックスにたぬきはうっとりし、ひとりが好きな狼も、何でも話を聞いてホメてくれるたぬきが大好きに。価値観が違いすぎてケンカも多くありますが、たぬきが折れて丸く収まり、長続きする素敵なカップルに。

恋愛度	♥
SEX度	♥
結婚度	♥

たぬき女子×こじか男

優しいこじかは、穏やかでいつも人を気遣うたぬきにとっても癒しの存在。共に優しく相手に自分を合わせる者同士、パッションやスリルな展開は望めませんが、ほんわかとしたよい関係を築けるでしょう。べったりいつも一緒にいたいたぬきとこじかは最初のうちは他人も羨むほどの仲良しカップルになりますが、こじかのわがままがひどくなってくるとたぬきはうんざりするように。恋人関係は長続きしないので、友だちでいる方が無難です。

たぬき女子×猿男

恋愛度……♥
SEX度……♥♥♥
結婚度……♥♥♥♥♥

元気で好奇心旺盛。まるでやんちゃ坊主のような猿。何でもまめに動いてくれるし、一緒にいると楽しめるので、いつも人に合わせるばかりのたぬきは居心地がよく、ホッとできる相手です。また物知りのたぬきは何でもかんでも質問してくる猿に博学を披露できるのもうれしい。恋もゲーム感覚、相手を攻略する征服感重視の猿をうまく惹きつけられれば楽しいカップルに。相性ばっちりで、結婚してもユーモアあふれる家庭になるでしょう。

たぬき女子×チーター男

恋愛度……♥♥♥♥
SEX度……♥♥♥
結婚度……♥

明るく穏やか、たぬきのほんわかした可愛さにチータの食指が動きます。恋のハンター、チータの強烈なアプローチにたぬきはコロリ。すぐ深い関係に。自分とは違って刺激を好むチータとの恋愛は時間を忘れるほど楽しいものになりますが、チータは新たな獲物を見つけると、すぐにダッシュで走り去ってしまいます。そこをたぬきの魅力でつなぎとめられれば長くつきあえる恋人に。どこまでも楽しませてくれるチータはセフレとしても◎。

気になるあの人との相性

恋愛度	♥
SEX度	♥♥
結婚度	♥

たぬき女子×黒ひょう男

古風なたぬきは、話題も豊富でスタイリッシュな黒ひょうに強く惹かれます。会った瞬間ときめいて、一気に恋に落ちるかも。さらに黒ひょうの明るさや柔和さの裏に潜むガラス細工のような繊細な心を知ると、もうずるずるにのめりこんでしまいます。ただ黒ひょうは誰にでも優しい八方美人。次第にたぬきに嫉妬心が芽生え、自分も浮気で対抗するなど支離滅裂な状態に。お互いの気持ちは離れ、関係を修復できずに恋人関係は終わっていくでしょう。

恋愛度	♥
SEX度	♥♥
結婚度	♥♥♥

たぬき女子×ライオン男

威張り屋で亭主関白タイプのライオンと、人に尽くす古風なたぬきはなかなかよい相性。いつもは偉そうなライオンですが、ほのぼのしたたぬきの前では甘え、まるで少年のように振舞います。たぬきはライオンに守られる安心感を得ると共に母性をくすぐられ、お互い損得勘定抜きで「この人のために」と思える最高のカップルに。外で力を使い果たしてしまうライオンに、たぬきの待つ家は癒しの巣。両者は温かい家庭をつくれるでしょう。

恋愛度……♥♥♥
SEX度……♥♥♥
結婚度……♥

たぬき女子×虎男

常に人に合わせてしまうたぬきにとって、包容力があり、何事も緻密に計画を立てて行動する虎はとても頼もしい存在。虎は穏やかに話を聞いてくれるたぬきに癒され、短期間で急速に燃え上がることもあるでしょう。けれど次第にたぬきはわがままになり、自分のペースを乱されたくない虎はストレスを溜め込んで、ある日一気に爆発。売り言葉に買い言葉の口ゲンカがエスカレートして、虎のきつい言葉に傷ついて終わりを迎えることに。

恋愛度……♥
SEX度……♥♥♥
結婚度……♥

たぬき女子×たぬき男

どちらもゆったり、のほほんとした性格。両者とも穏やかな関係を望んでいるので、一見相性抜群に見えますが、緊張感も刺激もまったくない関係。どんなに一緒にいても、むらむらと情欲が湧くこともメラメラと興奮することもなく、エロい気分になりません。共通の話題がなければ話も盛り上がらないのでつまらない相手。恋愛に発展するのは難しいでしょう。同じ趣味を持つサークル仲間のひとりとしてつきあうくらいがよい関係です。

気になるあの人との相性

恋愛度……♥
SEX度……♥♥
結婚度……♥

たぬき女子×子守熊男

楽しいことが大好きで、平和主義なところが似た者同士。親近感を感じてたぬきは接近しますが、次第に子守熊のしたたかさやずるさに気がつきます。恋人関係になったら子守熊の浮気性もストレスとなり、一緒にいても楽しめません。またいつでもどこでも可愛がられたい、優しく包み込まれたいたぬきにとって、自分のやりたいように攻めてくる子守熊のセックスにも満たされずイライラは募るばかり。遠距離恋愛ならうまくいくかも。

恋愛度……♥♥♥♥♥
SEX度……♥♥♥♥♥
結婚度……♥♥

たぬき女子×ゾウ男

地道で無口なゾウにたぬきは強さと誠実さを感じて惹かれます。口下手のゾウも、よく話を聞いてくれるたぬきに心を開きます。たぬきは押しの強いゾウに振りまわされがちですが、それでもゾウはたぬきにとって、最も信頼できる相手。コツコツやり遂げる芯の強さを尊敬し、いつしか恋愛感情が芽生えます。気づけば離れられないほどぞっこんに。結婚前提でつきあいますが、恋人同士でいる方が心地よい関係でいられるでしょう。

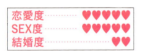

恋愛度……♥
SEX度……♥
結婚度……♥♥

たぬき女子×ひつじ男

和を求め、周囲との関係を大事にする者同士。ひつじは穏やかで人に合わせるのが上手なたぬきをベストパートナーと感じ、興味を抱きます。けれど知るにつれ、たぬきのルーズな面やその場しのぎの嘘にストレスを感じるように。たぬきの方も、会うたびにミスや短所を細かく指摘してくるひつじに嫌気がさしてきます。どちらもグイグイ恋をリードすることもなく、盛り上がることもないので恋の成立は難しそう。仲間としてはよい関係に。

恋愛度……♥♥♥
SEX度……♥♥
結婚度……♥

たぬき女子×ペガサス男

うっかり屋のたぬきは「いい加減」だと周囲から叱られますが、ペガサスだけは気にしません。自由奔放なペガサスにとって束縛しないたぬきは楽な存在なのです。どんな人にもどんな状況にも合わせるたぬき。ペガサスの突飛な発言や行動さえ好きになることができ、ペガサスをサポートする関係に。一般常識とはかけ離れた宇宙人のようなペガサスにたぬきは心底なごみ、よい恋愛関係になりますが、結婚までは難しいでしょう。

子守熊女子の恋愛運命

恋愛の傾向

負け戦には手を出さない策略家

「この人との恋は楽しいか？」が恋の判断基準のすべてである子守熊女子。相手の心をすばやく見抜き、自分に関心を持つようにさりげなくリード（誘導）できるため、恋の成功率は高い方。

子守熊女子の理想は、草食系の優しいルックスとスポーツで鍛えた細マッチョボディで「夢に向かってひたむきに頑張る」男性。そんな恋のターゲットを見つけたら、恋を成就させるためには時間もお金もアイディアも惜しまず、全力で向かいます。ただ基本的には計算高い倹約家なので、負けるとわかっている勝負や回収できない投資はしません。情熱的で臆病なリアリストです。

そんな冷静な策略家である一方、自分の感情はコントロールできな

子守熊6分類のモテ度チェック

4 フットワークの軽い子守熊

ちょこまかと楽しそうに動きまわる姿が可愛らしいあなた。わがままを言うほどに愛される年上キラー。

10 母性豊かな子守熊

飾り気がなく、世話好きで優しいあなたに「素の自分を受け入れてほしい」と願う男性が周囲に集結。

くなるときがあり、簡単に不倫や略奪愛に足を突っ込んでしまい、後悔したり、傷つくこともあります。母性愛も強いので、年下くんや弱っている男性に頼られると、普段は堅いお財布のひもも、ついついゆるんでしまうことも。

妄想恋愛で倖せになれる

そんなふうに子守熊女子はアンビバレントな二面性があり、臆病で誠実だけど、大胆で気まぐれだったり、面倒見のいいお姉さんかと思えば、自己チューな子どもだったり…と、なかなかの天然小悪魔。

最初は警戒心からか心を開かず、相手の気持ちを試すようなことをしますが、いったん好きになるとまっすぐにその人だけに心を向けます。愛されると彼しか目に入らず、彼のすべてを信じ切ってしまうので、浮気をされても気づかないこともしばしば。

決して器用とは言えない子守熊女子ですが、いつも恋をしていたいと願っています。現実に恋をしていない時期でも、憧れの人とのデートを思い浮かべるだけで倖せになれる、「恋愛妄想体質」なので、恋人がいなくてもぼちぼちハッピーだったりもするんですが。

39 夢とロマンの子守熊

あらゆる世代の男性からモテモテ。あなたの温かな励ましに男性はじわり。また会いたい女ナンバー1。

16 コアラのなかの子守熊

おっとりとした性格とマイルドな母性が魅力。「優しく叱られたい」甘えん坊な男性を惹きつけています。

45 サービス精神旺盛な子守熊

フランクでノリがよく、会話が抜群に面白い人。職場でも学校でも、人気者ですが、真剣な恋は苦手かも？

33 活動的な子守熊

1対1で会うと、かなりモテる人。あなたの人を裏切らない誠実さは、ラブを超えて、人としてもモテる！

セックス

脳内でエッチな妄想が炸裂するファンタジスタ

想像力が豊かなので、セックスそのものより、エッチな会話や甘い言葉をささやかれて、セクシャルスイッチが入る子守熊女子。好奇心も冒険心も旺盛なので、新しい刺激を見つけるのが好きです。たとえば、エレベーターや階段の踊り場で「誰かくるかも」と、どきどきしながらイチャつきたい。そんな危ないシチュエーションに酔う、イマジネーション先行型。行為そのものより、エロスっぽい雰囲気に浸ってどきどきしたい脳内妄想エッチのスペシャリスト。

実際ベッドの上では奥手な人も多く、下ネタも連発する普段の会話からは想像できないほどの純情ぶり。照れたり恥ずかしがる姿にほとんどの男性が萌えます。エッチのスタイルにこだわりはないので、相手に合わせてフレキシブルに対応でき、激しい人にはアグレッシブに、淡白な人にはそれなりに。

精力は強い方ではないので、持久戦は不得意。前戯にたっぷりと時間をかければ、1回の充実したセックスで十分満足できます。

子守熊女子の**結婚最適キャラ**

1位　チータ
2位　こじか
3位　虎

チャレンジャーのチータ男は、真逆の個性の持ち主。だからこそ補完し合える夫婦に最適の相性。こじか男には母性本能が刺激され、結婚に突入。虎男は子守熊女子の夢を実現してくれるパートナー。

子守熊女子の**恋人最適キャラ**

1位　ひつじ
2位　黒ひょう
3位　狼

ひつじ男とは癒し癒される関係としてはベストカップル。ケンカすることもなく休日もまったり。黒ひょう男とは「面倒を見たり見られたり」のベストカップル。狼男とは「いい距離感の協力関係」に。

結婚

結婚は「安心安全第一」のパートナーと悠々自適

子守熊女子は目先の利益では動かず、常に10年、20年先を考えて生きています。それは結婚においても同じで、将来をちゃんと見据え、不安材料の少ない堅実な相手を選びます。恋愛ではちょっと危険なタイプに惹かれたりするけれど、結婚相手は安心安全第一。恋愛と結婚は別物です。なぜなら安心できる環境（棲家）がないと子守熊女子は不安で、自分らしく生きられないと考えているから。

結婚相手は何時間でもぼーっと一緒にくつろげるような、穏やかでのんびりした人が好相性。世間体も気になるので親も納得する学歴や職種や収入もきっちり査定。

恋愛時代は自分が損をしないように計算して動くタイプでしたが、結婚後は自分のことはあとまわしで夫のことを優先。こまごまと世話を焼き、子どもには過保護気味のママになりそう。活動的な子守熊女子は結婚後も仕事と家庭を両立させたいので、理解があるだけではなく、実際に家事を分担してくれるイクメンを夫にしたい。

ここがダメ恋

「可愛い顔して下ネタどうでしょう女」

下ネタ大好きな子守熊女子。話し出すと、男子小学生から中年エロおやじレベルのどうしようもないクオリティの下ネタを老若男女の前で連発。「気さくな面白い子」だと思うのはごく少数派で、ほとんどの男子は軽くひいています。大した経験もないのに「あの子、アッチの方すごいらしい」なんて噂が出れば、致命的…。

気になるあの人との相性

恋愛度……………♥♥♥
SEX度……………♥♥♥
結婚度……………♥

子守熊女子×狼男

変わり者の狼にひけをとらないユニークな一面を持つ子守熊。ロマンチストな空想家でありながら、アブノーマルな妄想も下ネタもへっちゃらで、周囲がひいても狼だけは温かい目で見てくれます。子守熊にとって狼は、遊び心がなくてつまらないと思っても、ぼーっとする時間を邪魔しないので居心地のよい相手。楽しいエロトークやわくわくする恋にはならないけれど、お互い気取りのない楽な関係です。恋人関係もうまくいくでしょう。

恋愛度……………♥
SEX度……………♥♥♥
結婚度……………♥♥♥♥

子守熊女子×こじか男

ロマンチストだけど計算高くしたたかで、利害関係には敏感な子守熊も、こじかにはかないません。サービス精神旺盛な子守熊はこじかの甘ったれ作戦にまんまとはまり、どんどんサービス。こじかは大げさに喜んで、子守熊はますます尽くします。趣味も合い、両者ともまったり系の性格なので、家でゴロゴロにゃんにゃん過ごしていても楽しく盛り上がります。子守熊の方がこじかに情熱を注ぎ、なんとなく恋人同士になったら結婚へと進展。

恋愛度……♥
SEX度……♥
結婚度……♥

子守熊女子×猿男

子守熊も猿も楽しいことが大好きです。一緒にいると子守熊が猿を上手におだて、猿はそれに乗せられ、ご機嫌になるという関係に。ナイスカップルのように思えますが、せっかちで目の前のことに集中したい猿と、のんびり遠くを見つめる子守熊とではスピード感にズレがあります。友だちならじゃれ合える仲良しになれますが、なかなか恋人には発展しないでしょう。お互いにペースが違うので、好きでもずっと一緒にいるのは難しい。

恋愛度……♥
SEX度……♥♥♥
結婚度……♥♥♥♥♥

子守熊女子×チータ男

直感で動き、派手な行動が大好きなチータと、緻密な計画&分析をした上で行動する子守熊。しっかり者で堅実な子守熊が、いい加減なチータを上手に操縦してうまくいくカップルです。活躍も多いけど、失敗も多いチータを子守熊がフォロー。そんな子守熊をチータは頼り、また子守熊もつい面倒を見てしまいます。結婚しても子守熊が家庭をがっちり仕切ってうまくいくでしょう。安心できる環境でチータはますます張り切って、夫婦円満に。

恋愛度	♥♥♥♥
SEX度	♥♥♥
結婚度	♥

子守熊女子×黒ひょう男

　自分から好きにならないと恋愛には発展しない子守熊ですが、黒ひょうは例外です。スマートで優しいエスコートと巧みな会話にあっという間に心射抜かれ、慎重派のはずなのに、気づけばメロメロ、黒ひょうの腕の中に。自分を大事にしてくれて、何でも頼みを聞いてくれるところも高ポイント。ただ本気になったら結婚前提で愛を深めたい子守熊と、移り気な黒ひょうとでは次第にズレが生じます。関係は長続きせず、自然消滅を迎える結果に。

恋愛度	♥♥
SEX度	♥
結婚度	♥

子守熊女子×ライオン男

　ライオンは明るくおだて上手でしっかり者の子守熊がお気に入り。子守熊にとって、好きな相手の前では心を開いて甘えるライオンは扱いやすい相手です。でもいつでも「俺様」気取りで、やることは雑なのに態度も言葉も横柄なライオンは次第に邪魔な存在に。男女の力関係では圧倒的に子守熊が上なので、それを感じ取ったライオンも子守熊に苦手意識を抱くかもしれません。どちらにしても、両者が恋人になる可能性はほぼゼロでしょう。

恋愛度……♥
SEX度……♥♥
結婚度……♥♥♥

子守熊女子×虎男

物事の全体像をしっかりとらえ、バランス感覚にも優れている虎に子守熊はグッときます。長期展望型の子守熊の夢の実現に、虎は最適なパートナーだと感じて恋人関係に。明るく地道な子守熊と楽天的で誠実な虎は楽しいしっかり者同士、つきあってもうまくいくでしょう。情熱的な虎は、子守熊に対して今ひとつパンチが足りないと感じるものの、強い信頼関係で結ばれゴールイン。どんなことも計画的に進めながら安定した家庭を築きます。

恋愛度……♥
SEX度……♥♥
結婚度……♥

子守熊女子×たぬき男

なんとなく似ていそうで相性はあまりよくない相手。何でも自分と合わせてくれるたぬきと一緒にいると楽しくて楽なのですが、それだけです。キュンキュンもどきどきもわくわくもありません。仲はよくても刺激的な要素がまったくないので恋愛には発展しません。また、たぬきのうっかりミスや天然ボケも愛嬌として受け入れられず、イライラします。たぬきの方も子守熊の計算高くしたたかな面がストレスに。仲良しの友人どまりでしょう。

気になるあの人との相性

恋愛度	♥
SEX度	♥♥♥
結婚度	♥

子守熊女子×子守熊男

子守熊は女も男も下ネタ大好き。女性は撫でられたりマッサージされたりするスキンシップが大好きで、男性はイメージプレイを好むエッチ好き。一見相性がよさそうですが、同キャラなので相手の行動パターンが見え見えで刺激なし。エロティックな関係にはなりません。それどころか普段は見せない競争心が、子守熊同士だと炸裂。お互い主導権を握ろうと衝突します。恋愛関係は成立しませんが、相手を見て自分の短所を学ぶ反面教師に。

恋愛度	♥
SEX度	♥♥
結婚度	♥

子守熊女子×ゾウ男

フットワークが軽くて明るい社交家の子守熊と真面目で一本気なゾウ。サービス精神旺盛な子守熊がゾウを誘ってつきあいが深まります。でもゾウのまっしぐらな愛は、楽しいことが大好きで、人生を謳歌したい子守熊にとっては負担。一方ゾウにとって子守熊は一緒にいると楽しくリラックスできるので、子守熊を大切に扱います。真面目で優しいゾウは子守熊にとってつきあいやすい相手ではありますが、恋愛関係になることはないでしょう。

子守熊女子×ひつじ男

恋愛度…………♥♥♥♥♥
SEX度…………♥♥♥♥♥
結婚度…………♥♥

　恋愛にはとてもまめなひつじ。子守熊が落ち込んでいるときには優しく話を聞いてくれ、温かい言葉で癒してくれます。頻繁にメールやLINEで連絡してくれるのもうれしくて、子守熊はひつじに心全開。一方、子守熊も持ち前のサービス精神で、ひつじを楽しませてあげたり悩みを聞いてあげたり。一緒にいると自然と会話も弾んでリラックスできる相手です。お互いに相手を包み込み、助け合えれば素敵な恋人に。心もからだもピッタリはまる関係です。

子守熊女子×ペガサス男

恋愛度…………♥
SEX度…………♥
結婚度…………♥♥

　空想好きでロマンチストな子守熊は、ひらめきで行動するペガサスに惹かれます。けれど将来の夢に向かって着実に進みたい子守熊にとって、そのときの気分とタイミングで動くペガサスは理解できない相手。生きるスタンスが違うので、憧れからつきあったとしても、何をやるにもかみ合いません。またペガサスは興味がなければ話も聞きません。一緒にいると不安ばかりが募るので、普段は友人、あとは空想の中で抱かれる程度がいいでしょう。

ゾウ女子の恋愛運命

恋愛の傾向

石橋を叩いて壊す慎重派

1秒で恋に落ち、その日のうちにベッドイン…そんな映画のような恋を夢見ているゾウ女子。異性の友人も多いので、恋愛経験豊富だと思われがちですが、実際は恋にはとても慎重です。真面目で引っ込み思案な上に、男性に依存したり甘えることはできないので、ちょっととっつきにくい印象を与えます。いざ好きな人が現れても、衝動的に行動することはできず、冷静に相手を観察&分析。アプローチに時間をかけすぎて恋のチャンスを逃がしてしまうことも。

しかし、実際に打って出ると決めたら、迷うことなく突進。一途に思い詰め、何が何でも相手を落とそうと押しの一手の連続アタックを繰り広げます。変化球は一切なしの直球勝負。「1度決めたらやり通

す！」ゾウ女子は努力と根性で恋も手に入れます。

肉体的な結びつきより精神的なつながりに「恋の意味」を感じているので、軽くて楽しいだけの恋はできません。おつきあいが始まれば、自分のことはあとまわしで、徹底的に相手に尽くします。決して頑張っているわけではなく、「尽くさずにはいられない」のがゾウ女子の恋体質。ちなみに男女に限らず、好きになった相手は「味方」、それ以外は「敵」なので、味方は徹底して擁護し、敵は討伐。

尽くされるより、尽くしたい

そんなゾウ女子の「尽くし」の相手は、「尊敬」できる有能な男性。尊敬できるかできないか？　が、すべてです。応援しがいのある、やる気と才能に満ちた男性ならば、物心《ぶっしん》ともに全力で支えます。

我慢強いので、相手のわがままにもぎりぎりまで耐えますが、キレたら最後。暴れるあなたをとめられる者はいません。何事にも動じない強い女性に見えますが、本当は痛みに敏感で傷つくのが怖い乙女な女王。大暴れは「私を傷つけないで、大事にして！」という、本音が言えないゾウ女子の叫びです。

31 リーダーとなるゾウ

媚びもエロも、振りまかない（持ってない？）ひたむきさは、真面目で地道な男性たちから、特に人気。

12 人気者のゾウ

社交的で、人の中でイキイキと輝いている姿に憧れる男性は多く、さっぱりとした気配りがモテポイント。

37 まっしぐらに突き進むゾウ

自立心旺盛でさっぱりとした気性のあなた。天然微量の色気は超希少。まさか、と思う意外な男性にモテる。

18 デリケートなゾウ

ブランドものをイヤミなく着こなすお嬢様の雰囲気に、同類のお坊ちゃま系男子がゾッコン。相思相愛率高し。

セックス

究極のエッチを求める夜のチャレンジャー

ゾウ女子のエッチの基本スタンスは「女王」であり「奉仕される」こと。日ごろ抑えつけている思いがベッドで爆発し、セックスに関してはかなりわがままな独裁者です。

・自分は何もしないマグロ系だけど、感度は良好。
・体位は王道の正常位が一番。
・自分が主導権を握りたい。でも細かく説明するのは面倒くさいので、自分の要望を察してくれるカンのいい男性が好き。
・相手にちょっと奉仕して、百倍返しを要求するテクニックあり。

とまあ、こういうところからも、昼の「尽くし」体質から一転、夜の女王体質が見えてきます。

ゾウはなかなか本音が言えないので、感覚でコミュニケーションをとろうとします。セックスでも五感すべてを駆使した究極のコミュニケーションを求めるためか、SMプレイなどのアブノーマルなセックスにときめく傾向も大いにあり。

ゾウ女子の**結婚最適キャラ**

1位　黒ひょう
2位　猿
3位　たぬき

面倒見がいい黒ひょう男は、理想のパートナー。人間関係の達人でもある猿男はゾウ女子の弱点をサポート。ゾウ女子の努力をきちんと評価してくれるたぬき男はよき理解者となります。

ゾウ女子の**恋人最適キャラ**

1位　ペガサス
2位　ライオン
3位　こじか

好きなことに打ち込むペガサスは似たものを感じ意気投合。親友か恋人にうってつけ。ライオンの一流オーラに惹かれてゾウ女子は、「尽くし」力発揮。甘えん坊のこじか男には保護心をそそられる。

結婚

安定のリスペクト婚か未知の国際結婚か？

ゾウ女子の結婚で何より大事なのが、恋愛同様、相手へのリスペクト。同じレベルかできれば自分以上の才能や教養を望みます。

世間体や人の評価は気になるところなので、出身校や家柄のよさも大きなポイント。年齢や国籍は問わないので国際結婚も範疇《はんちゅう》です。外国人と結婚して、制約の厳しい日本を離れ、見知らぬ異国で暮らすことは理想の結婚のひとつ。

「いいものにはお金を惜しまない」そんな価値観の共有も結婚の条件です。一流志向のゾウ女子にとって「お金の使い方」は人格や知性そのもの。安価良品じゃ愛せません。

結婚をしても、夫に養ってもらいたいという願望はあまりないので、共同経営者のような夫婦関係を目指します。自立心も強く、何でもテキパキ決めたいゾウ女子は、夫を力業でリードし、ほどなく女性上位の家庭に君臨。結婚して安定を手に入れると、心も安定してくるので、年齢を重ねるごとに倖せな人生を歩みます。

ここがダメ恋

「重い女」

見た目は泰然自若なゾウ女子。だけど本当は気が小さく心配性のため、ついつい相手に干渉しすぎてしまいます。頭もいいし度胸も誠意もあるいい女なのに、つきあってみると重い女。彼の見えない疲労は日々少しずつ溜まり、気がつけば癒し系女子との浮気…なんてことも起こりがち。笑顔で放牧する度量を身につければ、もっとモテる！

気になるあの人との相性

恋愛度……………♥♥
SEX度……………♥
結婚度……………♥

ゾウ女子×狼男

人のことなど気にせず、常にマイペースでわが道をいく狼と、堂々としているようで繊細なゾウ。またゾウは、男性にちやほやされて奉仕されたい女王様タイプ。でも狼が相手では、思い通りにはなりません。狼はゾウの堅実さが自分と似ていると感じて近づくこともありますが、すぐにゾウの自己中心的な部分を察して逃げ出します。一方、人に振りまわされたくないゾウも、狼といるとストレスが募ります。両者は仲間どまりの関係。

恋愛度……………♥♥♥
SEX度……………♥♥♥
結婚度……………♥

ゾウ女子×こじか男

努力と根性で前に突き進むゾウにとって、こじかはちょっと頼りない相手。でも何でも「うん、うん」とお願いを聞いてくれるので、ゾウの気持ちは満たされ心を開きます。自分と違い、甘え上手のこじかに母性もくすぐられ、いつしか手元において愛《め》でたい存在に。恋人なら相性ばっちりで仲睦まじいカップルになれるでしょう。ただ慣れてくるとこじかのわがままがストレスに。振りまわされるのが嫌いなゾウなので、結婚はこじか次第です。

恋愛度……♥
SEX度……♥♥♥
結婚度……♥♥♥♥

ゾウ女子×猿男

コツコツ努力家、個人プレイを好むゾウは、誠実でいつも仲間を楽しませている猿に恋心。一方、お調子者で、「今」をエンジョイしながら飛びまわる猿は、ゾウの地に足のついた生き方に魅力を感じます。相手に奉仕されたい尽くされたいと考えるわがままなゾウですが、なぜか猿には素直。猿の軽さに腹は立っても放っておけなくて、結局は言うことを聞いてしまいます。一緒にいると楽しくて、いつも近くにいたい存在。いい結婚相手に。

恋愛度……♥
SEX度……♥
結婚度……♥♥

ゾウ女子×チータ男

地道に頑張るゾウと瞬発力勝負ですぐダッシュするチータ。一見真逆な相手に見えますが、どちらもナンバー1を狙う者同士、価値観が似ています。話が合うし、華やかな雰囲気のチータは遊んでいても楽しい相手。友だちなら最高の相性です。でもつきあうとお互いプライドが高くてどちらもひかず、また浮気性のチータと一途なゾウではケンカの絶えない仲に。恋愛関係を続けるのは難しいでしょう。気の合うボーイフレンドでキープして。

気になるあの人との相性

恋愛度……♥
SEX度……♥♥♥
結婚度……♥♥♥♥♥

ゾウ女子×黒ひょう男

クールでスタイリッシュな黒ひょうは、一本気なゾウの世界にはいなかったタイプ。優しく面倒見もいいので、ゾウにとってはたまりません。最初はゾウに興味を持たない黒ひょうも、近づくうちにお互いの弱く繊細な心を補い合えると感じてフォローする仲に。ゾウは黒ひょうのしつこい親切心をたまにうざいと感じても、両者は共にひとりの人を愛する誠実キャラ。適度な距離感をお互い守れれば、結婚するには最高のパートナーです。

恋愛度……♥♥♥♥
SEX度……♥♥♥
結婚度……♥

ゾウ女子×ライオン男

「百獣の王」対「大陸の王者」。これが両者の構図です。どちらも外では強く、誰も寄せつけないオーラで周囲を圧倒しますが、実は繊細、ガラスの心の持ち主です。また両者とも強い信念を持つ者同士。プライドの高さも理解し合えるので、お互いに自然と甘えられる関係です。一緒にいると居心地がよく、理想的な恋人同士になりますが、衝突すれば激しいケンカに。ゾウがライオンを上手に立てることができれば関係は長続きするでしょう。

恋愛度……♥
SEX度……♥
結婚度……♥

ゾウ女子×虎男

何事にもきっちりしている虎とアバウトなゾウ。ぜんぜん違うキャラですが、虎はゾウの誠実さに惹かれ、恋に発展することもあり。ただ人の話をちゃんと聞かず、ストレスを溜めてはキレるゾウに虎は愛想を尽かします。一方、言葉に出さなくても素振りで気持ちを察してほしいゾウは、「はっきり言わなきゃわからないだろ」と、ずけずけ本音でぶつかってくる虎がプレッシャー。ストレスフルな関係で、恋愛関係を続けるのはかなり厳しいかも。

恋愛度……♥
SEX度……♥♥♥
結婚度……♥♥♥

ゾウ女子×たぬき男

根を詰めて頑張るゾウにとって、大らかな性格のたぬきは癒しの存在。まるで父親のような愛でゾウを包み込み、日ごろのストレスを解消してくれます。古風な価値観や地道な積み重ねを尊重する者同士、信頼関係の強い恋人関係に。辛抱強いたぬきはゾウのわがままにも上手につきあい、衝突することもありません。ゾウもそんな優しいたぬきに一生懸命尽くすので、恋人関係は長続き。結婚はたぬき次第。円満な夫婦関係を築けるはず。

気になるあの人との相性

恋愛度……♥
SEX度……♥♥
結婚度……♥

ゾウ女子×子守熊男

サービス精神が旺盛で長期展望型の子守熊は、短気なゾウにとって自分にないものを補える存在。魅力を感じて接近しますが、子守熊は穏やかなイメージとは裏腹に、ゾウに対して支配的な態度でつきあいます。最初は会話も楽しい相手だったはずなのに、一緒にいるとケンカばかりの関係に。基本ゾウはキレやすく、キレたら手に負えません。次第に両者共に疲れ果て、恋は終わりを迎えます。ただの友だちとしてつきあうのが無難な相手。

恋愛度……♥
SEX度……♥♥♥
結婚度……♥

ゾウ女子×ゾウ男

地味でコツコツが信条のゾウ女子。でも本当は、いつか天下を取って目立ちたいのです。恋人だって華やかな男を連れまわしたい。なのにゾウ男は人に弱みを見せず、地道な努力を続ける似た者同士。まるで鏡で自分の姿を見るようで、やるせない相手です。お互い甘えることも下手なので、一緒にいてもデレデレじゃれ合えなくてつまらない。ケンカになればお互い一歩もひかずに戦い続けて共倒れ。恋人同士にはなれない関係です。

恋愛度……♥
SEX度……♥♥
結婚度……♥

ゾウ女子×ひつじ男

調和を大事にするひつじは、はみ出た人を放っておけません。ゾウに対しても和を尊び、周囲に構わず黙々と努力を続けるゾウをありのままサポートしたいと考えます。ひつじはゾウに周囲の話題や噂話をせっせと教えてあげますが、ゾウにとってはただの「騒音男」。おしゃべりすぎてうんざりします。１回目のデートはあっても２回目はないでしょう。主導権を握っているのはゾウなので、ひつじも強くは押せません。頑張っても友人どまり。

恋愛度……♥♥♥♥♥
SEX度……♥♥♥♥♥
結婚度……♥♥

ゾウ女子×ペガサス男

どちらも人に干渉されるのが苦手。自由を愛し自分のペースで動きたいので、このカップルは最高の組み合わせ。それぞれがその日の気分で行動しても、お互いストレスには感じません。思っていることは以心伝心で伝わる存在なので自然体でつきあうことができ、恋人には最高の相手。ただ両者ともにルーズな面があるので、結婚してもうまくいくかは微妙。またペガサスがゾウの理屈っぽいところに嫌気がさして急に飛び立ってしまうかも。

ひつじ女子の恋愛運命

恋愛の傾向

ふわふわに見えてゴリゴリの策士

ひつじ女子の恋に必要なのは人間性。「いい人」じゃないと好きになりません。優しさとか温かさとか、社会人としての良識とか知性とか、そういう「人として当たり前」な資質をちゃんと持っている人に惹かれます。そしてひつじ女子のグチやおしゃべりを「うんうん」と、にこやかに聞いてくれる男性なら、一気にオープンハート。

デートも映画よりキスよりエッチより、ふたりの会話が（ひつじ女子8相手2の割合で）弾めばそれだけで大満足というもの。

ひとりぼっちが嫌いなひつじ女子はいつもそばにいてくれる相手を望みます。会えないときは電話やＬＩＮＥで頻繁に連絡を取りたいので、まめにレスをくれないと会話不足による欲求不満状態に…。とな

ひつじ6分類のモテ度チェック

14 協調性のないひつじ

くつろぎと癒しを与えるあなたは、過酷な競争社会で頑張る男性から熱烈求愛。ウール100%ほっこりモテ。

20 物静かなひつじ

深く語り合いたい男性からしみじみとモテています。知識も豊富で、1度話せばリピート率はほぼ100%。

ると遠距離恋愛は至難の業。ひつじ女子の本音は「遠い恋人より近くの男友だち」ですから。

おっとりほんわかの癒し系に見えるひつじ女子ですが、客観的に状況や人の気持ちを読む才能があり、巧みなかけひきで相手の気持ちを自分に向けさせます。いつのまにか自分の思い通りの筋書きに展開させる策士な一面も。

優しくされると好きになる

相手選びも計算高いところがあり、学生時代にピークを迎えるイケメンより、社会に出てからじわりとポジションをあげていく、可能性のある男性に注目します。

結婚につながる恋に関してはそんなふうにシビアですが、「優しくされると好きになる」のがひつじ女子の恋心。スマートで知的な「いい人」から、気を使われたり、優しくされたら、理性もモラルも吹き飛びます。たとえ友だちの彼氏でも奪いたくなってしまう、激しい情熱を秘めているのです。不倫に陥る可能性も多く、略奪愛は、12キャラ中ダントツのナンバー1。

29 チャレンジ精神の旺盛なひつじ

聞き上手の頼られ上手。謙虚でおっとりとした雰囲気は各世代、幅広い男性から大人気。本命でモテる人。

23 無邪気なひつじ

可憐な少女のような雰囲気に萌える男子は多数。特に真面目系男子の庇護欲を刺激し、強力にモテています。

35 頼られると嬉しいひつじ

義理人情に厚い情熱家。女性としての魅力も恋心もすべては会話から生まれる「話せばモテる」女子。

26 粘り強いひつじ

強い女に疲れた男性にとってオアシス的存在。穏やかな明るさが魅力。話をすればするほどモテる人です。

セックス

とことん奉仕が信条の隠れエロキャラ

スキンシップは大好きなので、その延長にあるエッチも大好き。ウブっぽく見えますが、1度関係を結んでしまえば、実はかなりの積極派。相手の喜びが自分の喜びになるひつじ女子は相手を喜ばせるためにはどんなことでもやってみようという冒険心があり、また創意と工夫もあり、「どんなふうにしてほしい?」とリクエストを聞いてあげる親切心もあり。名器の持ち主も多いとか。

相手のために尽くす「けなげな自分に酔う」ひつじ女子は、当然M度は高め。本格的なのはひくけれどソフトなSMなら許容範囲。マグロ状態の男性に徹底奉仕するのも嫌いではありません。

ベッドの上ではエロ可愛いのがひつじ女子の持ち味ですが、基本は「甘えたい、触れ合いたい」のイチャイチャ欲を満たしたいタイプ。だから終わったあとにくるりと背を向ける男性は許しません。ぎゅっとハグされ、髪を撫でられ、なんだかんだとイチャイチャするうちに、ついつい2回戦へ…が、ひつじ女子の理想のエッチ。

ひつじ女子の結婚最適キャラ

1位　ライオン
2位　チータ
3位　子守熊

ライオン男のわがままが許せるならば、夫婦としては最良のカップル。チータ男の浮気を許せるならば、夫婦としては最強のカップル。子守熊男子とは「親友」のような最高のカップルになれる!

ひつじ女子の恋人最適キャラ

1位　狼
2位　虎
3位　猿

「ひつじの皮をかぶった狼」のたとえよろしく、両極端な個性に惹かれるカップル。からだの相性は抜群です。親分肌の虎男はひつじ女子のグチを受けとめ、笑わせ上手な猿男はなごみをくれる。

結婚

ほのぼの家庭で良妻賢母に成長

好きな人と常に一緒にいたいひつじ女子は、結婚願望の高さは12キャラ中ナンバー1。もともと家庭的で、家事や育児に喜びや生きがいを感じられるので結婚生活は向いています。

「安定した愛情と安全な棲家」を本能的に求めているので、恋多き人も結婚は早め。しかし得意の分析癖で「本当にこの人で大丈夫?」と迷い始めると、婚期を逃すことに。

結婚後はひつじ女子らしい平和な家庭をつくり、良妻賢母ぶりを発揮します。親戚づきあいや近所づきあいも難なくこなし、金銭管理もばっちり。貯蓄に対する意識も高いので、無理しなくても自然とお金が貯まります。母性本能は「ここからが本番!」とばかりに、子どもや夫に向けられるので、少々口うるさい過保護妻になりそう。

家庭第一の気持ちが強いので浮気はしませんが、放っておかれると寂しさから、優しい男性についふらっと…の可能性もなきにしもあらず。ひつじ妻はセックスレスより、会話レスが問題。

ここがダメ恋

「疲れる女」

ひつじ女子は恋愛が安定期に入ると、「恋って愛だよね。じゃ恋人って身内だよね」と、独自の恋愛哲学で心身ともにさらに距離を縮めます。そして「会話は愛だ」と言わんばかりにしゃべり続け、気がつくと会話は9対1(←彼氏は相槌のみ)。これには正直うんざり。疲労が重なれば壊れるのは、ものも人も恋も一緒です。

気になるあの人との相性

ひつじ女子×狼男

恋愛度…………♥♥♥♥♥
SEX度…………♥♥♥♥♥
結婚度…………♥♥

クールに単独行動を好む狼と仲間との和を尊重するひつじ。相容れない間柄のように見えますが、ひつじは自分とまったく違うキャラの狼に、「この人、素敵」と錯覚して恋人に。たとえ周囲のみんなが自分勝手な狼を責めても、ひつじだけは味方になって尽くします。まるで狼に捕らわれたひつじのようなイメージですが、実は逆。ひつじは狼をお世話しながら主導権を握ってコントロール。お互いの違いが魅力となって強く惹かれ合う関係です。

ひつじ女子×こじか男

恋愛度…………♥
SEX度…………♥♥
結婚度…………♥

甘えん坊のこじかとひとりぼっちが苦手なひつじ。優しく可愛い者同士、とても気が合います。ひつじは無邪気に甘えてくるこじかを愛しく感じ、母のような愛情で接します。けれどいい人すぎる両者は気を使うばかりで、なかなか愛を伝えることができません。恋愛関係への発展は時間がかかります。もし勇気を出して恋人同士になったなら、激しい恋はできないものの、いつもべったり、まったり寄り添う仲良しカップルになるでしょう。

恋愛度	♥♥♥
SEX度	♥♥♥
結婚度	♥

ひつじ女子×猿男

すんだことをいつもくよくよ考えるひつじと、過去など一切気にせず今を元気に楽しむ猿は好相性です。落ち込んだときにも「気にするなよ！」と明るく励ましてくれる猿は、ひつじにとってなごめる相手。また自分の知らない世界をたくさん見せてくれるので、一緒にいるとわくわくします。一方、楽しいことばかりを考えキャッキャ飛びまわっている猿は、現実的なアドバイスをくれるひつじを尊敬。恋が芽生えて素敵な関係になります。

恋愛度	♥
SEX度	♥♥
結婚度	♥♥♥♥

ひつじ女子×チータ男

おっとり冷静なひつじは、明るくラテン系、熱血タイプのチータに強く惹かれます。考える前にダッシュしてしまうチータと、客観的に物事を考えられるひつじ。一緒にいれば無敵の好相性。適当&いい加減なチータの短所も、ひつじにとっては「私がついていてあげなくちゃ」と、母性をくすぐられる要素に映ります。目移りが激しく浮気性なチータに嫉妬心を燃やすこともあるけれど、恋人関係は長続き。結婚する可能性も高い相手です。

気になるあの人との相性

恋愛度……………………♥
SEX度……………………♥
結婚度……………………♥♥

ひつじ女子×黒ひょう男

どちらも正義感が強くて面倒見のよいお人好し。似た者同士が災いし、なかなか友だち関係から進展するのが難しい。でもひつじも黒ひょうも情報通でおしゃべり好きなので、一緒にいれば盛り上がり、話が合えば恋人になることも。ただしふたりとも自分の話を聞いてほしいカップルなので、会話はたいていどちらか一方通行に。次第に一緒にいるのがストレスになり、自然消滅するでしょう。適度な距離を保ってつきあう方が長続きする関係。

恋愛度……………………♥
SEX度……………………♥♥♥
結婚度……………………♥♥♥♥♥

ひつじ女子×ライオン男

ワンマンタイプのライオンですが、実は意外と家庭的。一方、ひつじは献身的ゆえ、良妻賢母な匂いにライオンのハートは震えます。古風に男性に尽くすひつじはライオンのごちそう。つきあえばどんどん調子に乗ってわがままになるライオンを、ひつじが「はい、はい」と受けとめられれば恋愛は長続き。ケンカしてもライオンは譲歩しないので、争うのは無駄なこと。王様を支える側に徹すればよい結婚相手です。亭主関白を堪能させてあげて。

ひつじ女子×虎男

恋愛度……………♥♥♥♥
SEX度……………♥♥♥
結婚度……………♥

みんなをまとめようとして疲れちゃうひつじを、世話焼きの虎がサポートします。虎の親身な助けをひつじは一方的でうざいと感じることもありますが、虎は考え方がシンプルで、ひつじにとっては扱いやすい相手。グチも聞いてくれるし怒っても根に持たないし、一緒にいて疲れません。気づけばいつもひつじのペースになっていることに、虎がストレスを感じなければ恋人関係に。ただ優しさにつけこみ、ひつじがベタベタ甘えすぎると逃げられます。

ひつじ女子×たぬき男

恋愛度……………♥♥
SEX度……………♥♥
結婚度……………♥

協調性を大事にするひつじと、人のことを第一に考えるたぬきは互いに優しい存在。一緒にいるとなごみ癒され、好意を持ちますが、恋愛にはなかなか発展しません。恋愛に刺激を求めるひつじにとって、たぬきとの時間はまったりとしたぬるま湯どまり。エロくときめく瞬間も、からだが燃えるような刺激もなくてつまりません。穏やかな関係を望んでいるひつじなら恋人関係になることもありますが、安心できる友人として長続きする関係です。

気になるあの人との相性

恋愛度…………………♥
SEX度…………………♥♥
結婚度…………………♥♥♥

ひつじ女子×子守熊男

争いごとを嫌うひつじと子守熊はどちらもまったり系で、一緒にいると落ち着きます。子守熊は長くしつこいひつじのグチもイヤがらずに聞いてくれるありがたい存在。考え方や行動も似ているので一緒にいてストレスなしの癒しの関係です。外出なんてしなくても、一緒に家でゴロゴロしているだけで、共に至福の時間を楽しめます。慎重派の子守熊と分析能力の高いひつじなら将来計画もばっちりで、堅実で温かい結婚生活を送れるでしょう。

恋愛度…………………♥
SEX度…………………♥♥
結婚度…………………♥

ひつじ女子×ゾウ男

調和を大事にし、集団行動が好きなひつじですが、ゾウのひとりで黙々と突き進む姿に魅力を感じます。ひつじはゾウに接近し、周囲になじませようといろいろサポート。けれどゾウの心には響きません。またいつだって自分のグチや話題を聞いてほしいひつじと人の話を聞かないゾウなので、一緒にいるとすぐ衝突。ゾウの大物めいた雰囲気に憧れてつきあってみたものの、長続きはしません。遊びにつきあってもらう友だち程度の関係がグッド。

恋愛度……♥
SEX度……♥♥♥
結婚度……♥

ひつじ女子×ひつじ男

いつも群れたいひつじ同士。お互いおしゃべりが好きでグチも長い。うまくいきそうですが、ちょっとズレれば激しくぶつかります。同じ性質だけに双方イヤな面がわかってしまうので、魅力を感じることはありません。もちろん恋の相手としては対象外。両者とも調和を愛するキャラですが、自分の思い通りに人を統率したいから、似たような存在がいるのは邪魔なだけ。恋人関係は無理ですが、気が合えば心を許し合える仲のよい友だちに。

恋愛度……♥
SEX度……♥
結婚度……♥

ひつじ女子×ペガサス男

地面を群れで移動するひつじにとって、大空を羽ばたくペガサスは憧れです。とはいっても自由奔放、ひらめきだけで生きるペガサスは理解不能な存在。接近してあれこれ尽くしてみても、ぜんぜん自分のものにならない感じ。それもそのはず、ペガサスにとって束縛やサポートは息苦しいだけで余計なお世話。どうやっても操縦できません。個性の違いは恋を盛り上げる材料ですが、これだけ違えば会話も成り立たず、遠くで見つめるだけの関係に。

ペガサス女子の恋愛運命

恋愛の傾向

言葉がなくても恋は始まる

雰囲気と感性だけで恋愛相手を選ぶのがペガサス女子。恋人がいても、ほかの男性に恋するのは「しかたがない。人間だもの　by　ペガサス」と思っています。自分の感性と直感だけで生きているので、形式や常識やマニュアルなんて邪魔なだけ。「この人好きかも」とピンときたら、もう恋が始まります。会ったその日のうちに結ばれるなんてことも、ペガサス女子ならぜんぜん不思議じゃない。

恋が始まるのも早いけれど、感性のズレや束縛を感じたら、恋心も一夜…いえ1時間でクールダウン。「熱しやすくて冷めやすい」とはペガサス女子のためにある言葉。でも不思議とすぐに次の恋人候補が現れるので、ガツガツ探さなくても、いつも目の前に好きな人がいます。

ペガサス4分類のモテ度チェック

豊かな感受性と相手の胸にポーンと飛び込める人なつっこさもあって、ペガサス女子は若いころからモテるんです。

　言葉を交わす前に直感や感性で恋をしているので、ペガサス女子にくどくどとした求愛の言葉は必要ありません。「なんで君が好きかというと…」なんて説明は無粋なだけ。カンの鈍い男性は、この時点で失格ということ。

許せないのは感性の不一致と束縛

　ペガサス女子の恋愛は最初から最後まで自由気まま。そして恋は特別なものじゃなく生活の一部だから、息するように恋をして、けっこう傷ついたりもしています。なにせ恋の条件は感性だけなので、生活力や人間性を見誤り、危険な恋にはまったり、悪い人に騙されることも。「束縛」をイヤがるくせに極度の寂しがり屋なので、いつも誰かにそばにいてほしくて、複数の彼氏を持つことも。

　好みのタイプは、デリカシーのある感性豊かな美青年。ルックスより、ファッションセンスや着こなしの方が気になるところ。外国人やかなり年下の男性とも波長が合います。

21 落ち着きのあるペガサス

会った瞬間に男心をつかむモテ女子。好き嫌いの激しさも、男性から見ると特別扱いしたくなる魅力。

22 強靭な翼をもつペガサス

奔放に飛びまわる姿は大胆さや情熱を感じさせ、男心にセクシーな欲望をかき立てます。さわやか色気モテ。

27 波乱に満ちたペガサス

ナチュラルボーンなフェロモンでかなりモテる人。可愛い色っぽさはあらゆるタイプの男性の心を刺激。

28 優雅なペガサス

華やかなオーラを放つあなたはどこにいても注目の的。自信のある男性しか寄ってこない高嶺の花。

セックス

見た目よりうんとウブなエロスの女神

派手めなルックスと奔放な印象から、経験十分と思われがちですが、実はそれほどでも…なのがペガサス女子。おつきあいした数は多くても、半分以上はプラトニックだったりします。セックスにおける最重要項目はロマンチックなムードなので、ぎらぎらした欲望むき出しの男性は生理的にアウト。100本のバラの花束攻撃とか「そんなこと映画でしかしないでしょ」と思うようなアプローチは、一発必中。居酒屋でナンパして、ラブホテルに誘うようなチープな男には、100回お願いされても落ちません。

生々しいセックスはさほど好きではなく、愛情たっぷりのハグや雰囲気のいい濃厚なキスがあればけっこう満足。肉体的なエクスタシーより、精神的なエロスを追求するペガサス女子はセックスにもファンタジーを求めます。ベッドの上ではウブな純愛から、悪女のめくるめく官能の世界まで「雰囲気」さえよければ全部ＯＫ。ただし気分が変わりやすいので１回のエッチでも、冷めたり燃えたり。

ペガサス女子の**結婚最適キャラ**

1位　虎
2位　黒ひょう
3位　ゾウ

現実的で地に足のついた虎男は、ペガサス女子にないものをすべて持っている究極のパートナー。感性の合う黒ひょう男は自由をくれる。単純でわかりやすいゾウ男子は、誠実な愛情を注いでくれます。

ペガサス女子の**恋人最適キャラ**

1位　こじか
2位　たぬき
3位　チータ

こじか男とはちょっぴりエキセントリックな者同士、妙になごむ間柄。たぬき男はペガサス女子の信奉者。連発してくれる「素敵だね」のホメ言葉にうっとり。チータ男とは出会った瞬間、恋に！

結婚

フランス婚で自由と安定のいいとこ取り

12キャラ中一番結婚に興味がないのがペガサス女子。「紙きれ1枚で自由を売り飛ばす結婚という制度に縛られたくない」と思っています。ただ未知の世界には好奇心もあるので、「1度ぐらいはしてもいいかも…」が本音。束縛される環境には弱いので、結婚や家庭がペガサスの羽を縛りつけることにならないよう、同棲婚、通い婚、週末婚…など、常識にとらわれないスタイルで自分らしい結婚生活を目指します。理想の形態は入籍せずに夫婦として生活し、子どもも持ち、必要なときがきたら入籍するというフランス婚。

結婚の時期は予測不可で、出会ってすぐ入籍の電撃婚も十分ありえます。

またペガサス女子は「離婚はタブー」とは思っていないので、再婚が多いのも事実。しかし、ペガサス女子の世界観や感性を理解してくれる相手にめぐり合えれば、家庭はペガサス女子がずっと追い求めていた「自由と平和と愛」のあるフィールドになります。

ここがダメ恋

「エキセントリックな女」

ペガサス女子の気分の浮き沈みは相当激しく、気分がのっているときと落ちているときでは同じ人とは思えないほど。自信満々かと思えば、「私なんて死んだ方がいい…」と、情緒は超不安定。「今日はどっち？」と、つきあう男性は戦々恐々。繊細な感受性はペガサス女子の魅力だけど、中庸や安定やグラウンディングも恋には必要。

気になるあの人との相性

恋愛度	♥♥♥
SEX度	♥♥♥
結婚度	♥

ペガサス女子×狼男

お互い個性的でマイペースな者同士。直感で思いのままに行動するペガサスは、クールだけど実は情の深い狼を頼ってばかり。ペガサスに都合よく使われていると感じても、狼はペガサスのユニークな発想が好き。近くにいると夢が広がり楽しくなるので、親切に面倒を見てくれます。ただ、どんなに一緒にいても友人どまり。束縛が苦手なペガサスも狼の放置プレイには耐えられず、狼も宇宙人的に気まぐれなペガサスとの恋愛関係は無理。

恋愛度	♥♥♥♥♥
SEX度	♥♥♥♥♥
結婚度	♥♥

ペガサス女子×こじか男

気分屋でわがままだけど、人なつっこく温和なペガサス。こじかはペガサスの気まぐれに振りまわされながらもそれが喜びに。またどんなにわがままでも相手を傷つけることはしないペガサスの大らかな雰囲気が癒しになって、こじかはペガサスになつきます。一方、ペガサスは、みんなが面倒くさいと感じるこじか特有のなれなれしさも気にならず、おしゃべりは上手に聞き流しながら受けとめます。よくわからないけど、気づけば倖せなカップルに。

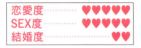

恋愛度	♥
SEX度	♥
結婚度	♥♥♥

ペガサス女子×猿男

毎日楽しく現実的に生きる猿に、そのときの直観とノリで行動するペガサスは興味津々で近づきます。けれど猿にはペガサスのひらめきや直感命！　の感覚が理解できません。変わり者の面白い友人程度にキープしておつきあい。最初は恋心を抱くペガサスも、猿の超プラクティカルな感性やスピーディなテンポについていけずに息切れ。相性は意外といいけど恋人関係に発展するのは難しい。セックス抜きのプラトニックラブで終了する関係です。

恋愛度	♥♥♥
SEX度	♥♥♥
結婚度	♥

ペガサス女子×チータ男

どちらも自由気ままでセンスにこだわる者同士。目新しいものや派手なものが大好きなチータとリッチで華やかな人が好きなペガサス。お互い好みのルックスならば、すぐ恋に発展することも。趣味が合えば一緒にどんな突飛なことも楽しめるわくわくカップルに。また人には言えない変な考えや体験もチータになら話せるし、束縛し合うこともなく、浮気だって許せちゃう関係です。単に恋愛を楽しみたいなら最高に面白い恋人になるでしょう。

恋愛度	♥
SEX度	♥♥
結婚度	♥♥♥♥

ペガサス女子×黒ひょう男

誰からも束縛されることなく大空を飛びまわりたいペガサスと、面倒見がよくつい相手をかまいすぎる黒ひょう。スタンスは違ってもお互い感性豊かで独特の美意識やセンスを理解し合える貴重な相手です。黒ひょうにとってペガサスの華やかな雰囲気は魅力的。また趣味が似ていたり、いく先々で偶然出会ったり、お互いひき寄せ合う不思議な関係です。自由でいたいペガサスを黒ひょうが受け入れ、世話を焼きすぎずなければいい結婚相手に。

恋愛度	♥
SEX度	♥♥
結婚度	♥

ペガサス女子×ライオン男

雰囲気や行動パターンは真逆に見えますが、絶対的に頑固なライオンと絶対自分に譲れないものを持つペガサス。両者の「絶対」が一致したときには最強の力を発揮しますが、どちらもプライドが高い者同士。つきあえば覇権争いをして相手を自分の思うままにしたいと衝突します。ペガサスがうんと年上なら、実は甘えん坊のライオンと恋人関係になることも。ただし長続きするかは微妙。たまに会う程度の感性の合う友人でいるのがいい相手です。

恋愛度……………… ♥
SEX度……………… ♥♥♥
結婚度……………… ♥♥♥♥♥

ペガサス女子×虎男

自由の女神と自称するペガサスもたまには羽を休めたくなります。そんなとき頼りになるのが親分肌の虎。むやみに飛びまわるペガサスを、しっかりひきとめてくれる包容力にあふれています。ほかの人には手こずるペガサスも、男気と自信に満ちた虎の前では素直。結婚相手は自分と違い、堅実&現実的な人がいいと考えているペガサスにとって、虎はとても気になる相手です。もし虎がペガサスに恋したら、あっという間にゴールインの可能性も。

恋愛度……………… ♥♥♥♥
SEX度……………… ♥♥♥
結婚度……………… ♥

ペガサス女子×たぬき男

わがままに振舞っても決して怒らないたぬき。何事にも動じず、いつも太っ腹でペガサスの話を聞いて、行動につきあいます。自由奔放なペガサスですが、癒しがほしいときにはたぬきのもとへ。たぬきはペガサスの大ファンなので、どんな状況でも温かく迎えてくれて、ちやほやしてくれるのでいい気分。勝手気ままなペガサスと、相手に合わせるのが好きなたぬきは好相性なので、落ち着いた恋愛をしたいならおすすめキャラです。

気になるあの人との相性

恋愛度……♥♥
SEX度……♥
結婚度……♥

ペガサス女子×子守熊男

計算高い子守熊は直感とひらめきで行動するペガサスに惹かれます。ペガサスも自分を楽しませてくれる子守熊が気になる存在に。でもいざ接近してみると、子守熊はペガサスの無計画さとパンチききすぎのストレートな言葉にイライラがとまりません。一方、ペガサスも子守熊の疑り深さや緻密さにうんざり。お互い一緒にいるとピリピリした感情がとまらなくなって、つきあっても長くは続きません。適度な距離のある友人関係が正解。

恋愛度……♥
SEX度……♥♥
結婚度……♥♥♥

ペガサス女子×ゾウ男

細かいことやまわりくどいことが苦手なペガサスは、ゾウの単純でまっすぐなところがお気に入り。ゾウと自分は似ていると考え、勝手に親近感を抱きます。普段ほかの人の言うことなど完全スルーのペガサスですが、ゾウの言葉だけは別。深く心に沁み入り、素直に従います。言葉にしなくても以心伝心でわかり合えるゾウとペガサスは、意気投合して恋人になる可能性大。安定した結婚生活に進展するには、ゾウの誠実な愛が不可欠。

恋愛度……………………♥
SEX度……………………♥
結婚度……………………♥

ペガサス女子×ひつじ男

申し訳なくなるくらい、優しく一生懸命に尽くしてくれるひつじ。ペガサスにとってその一途な愛は、うれしい反面とっても重苦しい。束縛が嫌いなペガサスは、追いかけられるほどに気持ちがひいて逃げたくなります。また頑固で頭がかたく、1度口にしたことは絶対に曲げようとしないひつじの融通のきかなさも面倒に。ペガサスはひつじに恋はしませんが、「世話してくれるならしてもらおう」的なノリで近くに。ひつじの一方通行です。

恋愛度……………………♥
SEX度……………………♥♥♥
結婚度……………………♥

ペガサス女子×ペガサス男

ひらめきで生きるペガサスには、両者だけで通じ合うテレパシー的言語があるようです。同じキャラゆえに楽しいことも面白いこともすべて同じ。以心伝心でわかり合えるので、一緒にいても気楽です。でも似ているからこそ予想外の刺激もなく、何の発見も発展もありません。まるで空気のような存在で、特別仲良くなるわけでもなく、恋してときめくなんてこともなし。ペガサスには、自分の予想を超えたスリリングな愛が必要なのです。

有名人カップルの動物キャラクター一覧

有名人カップル	キャラクター
山本耕史 1976/10/31	53感情豊かな黒ひょう
堀北真希 1988/10/6	31リーダーとなるゾウ
福山雅治 1969/2/6	49ゆったりとした悠然の虎
吹石一恵 1982/9/28	51我が道を行くライオン
松山ケンイチ 1985/3/5	40尽くす猿
小雪 1976/12/18	41大器晩成のたぬき
DAIGO 1978/4/8	37まっしぐらに突き進むゾウ
北川景子 1986/8/22	35頼られると嬉しいひつじ
小栗 旬 1982/12/26	20物静かなひつじ
山田 優 1984/7/5	37まっしぐらに突き進むゾウ
瑛太 1982/12/13	7全力疾走するチータ
木村カエラ 1984/10/24	28優雅なペガサス
佐々木健介 1966/8/4	32しっかり者のこじか
北斗 晶 1967/7/13	15どっしりとした猿
堺 雅人 1973/10/14	20物静かなひつじ
菅野美穂 1977/8/22	48品格のあるチータ
石田純一 1954/1/14	7全力疾走するチータ
東尾理子 1975/11/18	5面倒見のいい黒ひょう
鈴木おさむ 1972/4/25	23無邪気なひつじ
大島美幸 1980/1/13	22強靭な翼をもつペガサス
木村拓哉 1972/11/13	45サービス精神旺盛な子守熊
工藤静香 1970/4/14	1長距離ランナーのチータ
ヒロミ 1965/2/13	35頼られると嬉しいひつじ
松本伊代 1965/6/21	43動きまわる虎
田中将大 1988/11/1	57感情的なライオン
里田まい 1984/3/29	59束縛を嫌う黒ひょう

有名人カップル	キャラクター
EXILE HIRO 1969/6/1	44情熱的な黒ひょう
上戸彩 1985/9/14	53感情豊かな黒ひょう
市村正親 1949/1/28	55パワフルな虎
篠原涼子 1973/8/13	18デリケートなゾウ
東出昌大 1988/2/1	23無邪気なひつじ
杏 1986/4/14	25穏やかな狼
名倉 潤（ネプチューン） 1968/11/4	15どっしりとした猿
渡辺満里奈 1970/11/18	39夢とロマンの子守熊
井ノ原快彦（V6） 1976/5/17	6愛情あふれる虎
瀬戸朝香 1976/12/12	35頼られると嬉しいひつじ
藤本敏史（FUJIWARA） 1970/12/18	9大きな志をもった猿
木下優樹菜 1987/12/4	24クリエイティブな狼
田中裕二（爆笑問題） 1965/1/10	1長距離ランナーのチータ
山口もえ 1977/6/11	36好感のもたれる狼
劇団ひとり 1977/2/2	27波乱に満ちたペガサス
大沢あかね 1985/8/16	24クリエイティブな狼
庄司智春（品川庄司） 1976/1/1	49ゆったりとした悠然の虎
藤本美貴 1985/2/26	33活動的な子守熊
ダルビッシュ有 1986/8/16	29チャレンジ精神の旺盛なひつじ
山本聖子 1980/8/22	4フットワークの軽い子守熊
片岡愛之助 1972/3/4	31リーダーとなるゾウ
藤原紀香 1971/6/28	21落ち着きのあるペガサス
安倍晋三 1954/9/21	17強い意志をもったこじか
安倍昭恵 1962/6/10	16コアラの中の子守熊
トランプ大統領 1946/6/14	56気どらない黒ひょう
メラニア夫人 1970/4/26	13ネアカの狼

第2章

12の動物キャラ別
男の愛し方

狼男の愛し方

基本性格

普通なんかじゃいられない、マイペースな一匹狼

狼男を知る上で絶対に欠かせないのが「変わっている」というキーワード。変わったモノが好きというより「人と同じである」ことが我慢できません。ライフスタイルすべて、自己流であることにこだわる孤高（でありたい）の人。財布やバッグや靴、時計など、見た目も他人とかぶらないように常に警戒を努力と怠りません。

クールでミステリアスな印象を与えますが、裏表のない人情家というのが狼男の本当の顔。穏やかな人づきあいを得意としているので、異性同性にかかわらず好感を持たれるお得なタイプ。正義感が強く純粋なので理不尽なことには断固ＮＯを突きつけますが、闘争心はあまりなく、勝負にはこだわりません。世間体や人の評価など気にせず、マイペースで自分の趣味や好きなことに没頭するのが狼男の真骨頂。

キラーワード

「レアっぽいね」

「考えてることが深いなぁ」

「オーラが違うよ」

NGワード

「昨日どこへいってたの？」

「無責任だなあ」

「今度いつ会ってくれるの？」

恋愛

恋に「ひとり時間と孤独な空間」は不可欠

孤独に強く、「来る者拒まず、去る者追わず」が恋愛の基本姿勢。ペースを乱されることを嫌う狼男にとってプライベートをしつこく詮索されるのは最も苦手なこと。どんなに好きな人と一緒でも、四六時中ベタベタとまとわりつかれるのはうんざり。ほどよい距離感でお互いを尊重し合うのが狼にとってのパートナーシップです。

狼男は最初とっつきにくく、他人行儀な態度で恋を慎重に進めます。相手を信じ、自分が本気になるまでは心を開きません。遊びやゲーム感覚でのエッチはしないので、色じかけは通じない、ある意味手強い（やっかいな？）相手。

しかし、うちとけるにつれて饒舌《じょうぜつ》になり、ステディになったら気遣いは無用です。狼は12キャラクターの中で唯一、一夫一妻制を守っている動物。言葉足らずで愛情表現は決してうまくありませんが恋人を深く優しく愛するタイプです。狼男とはつきあえばつきあうほどに、優しさを実感できるでしょう。

ひとりの女性を大切にする狼男はつきあい始めたら浮気はしません。浮気をしたときはすでに本気の恋なので、ジ・エンド…。

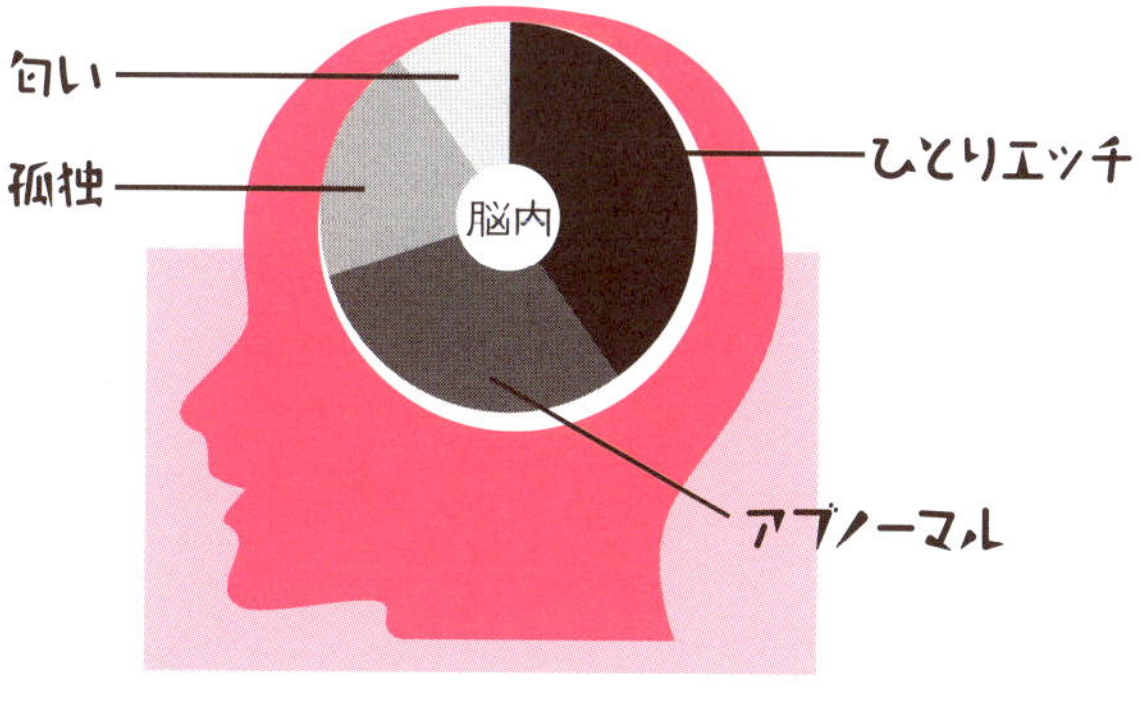

セックス

ちょっと変わったプレイも狼男の個性とプライド

エッチにおいても「人と同じプレイ」「普通のプレイ」ではプライドが許さないのが狼男。言葉攻め、緊縛プレイなどときに小道具を駆使した攻めの姿勢で「俺だけのエッチ」を目指します。体位やテクニックなどあれこれと研究していくうちに「好きこそものの上手なれ」と、かなりのテクニシャンに成長するタイプ。

部分フェチで「ここだ！」と思ったところを根拠なき自信でピンポイントで攻める癖がありますが、「違う！」と批判すると、いじけるので女子としてはさりげなく希望を伝える工夫が必要。

エッチでのホメポイントは、前向きさとひたむきさが育んだその多彩なテクニック。「こんなの初めて…」と、すべてが終わったあとで、うっとりつぶやいてみて。狼男のプライドと達成感は、かなり満たされるはず。

また「一匹狼」の言葉通り、自分ひとりの時間と空間をこよなく愛する狼男は「ひとりエッチ」のオーソリティ。相手のことを気にせず、自由気ままに快感を追いかけるひとりエッチの方が快感を感じる狼男も多いとか。うっかり目撃した場合は、無視＆放置で。

浮気

浮気と書いて本気と読む

好きな体位

アクロバティック系

結婚

今どきのよき夫、よきパパになる

狼男にとって結婚はあくまで自分と彼女、ふたりだけのこと。お互いの両親や家のことはあまり眼中にありません。周囲から「待った」がかかろうと彼が結婚を決意したらゴールインはほぼ決定。むしろ反対されればされるほど燃えて、急いで結婚に踏み切ります。

狼男は結婚すると恋愛中よりさらに「いい人」になるのが特徴のひとつ。交際中は超マイペースを押し通し、「自分流」を貫こうとしますが、結婚するとアクの強さも薄れ、ぐっとマイルドになり、深く穏やかな愛情を家族に注ぎます。

もともとジェンダーフリーでフェミニストな狼男ですから、家事も育児も協力的で分担もOK。1日のうちで自分がひとりになれる時間（と空間）が確保できれば、掃除や料理の後片づけ、子どものお迎えなど粛々とこなします。今どきのよき夫、よきパパ、よき家庭人になれる才能のある人。

経済観念はしっかりしていて、無駄を嫌う合理主義者なので、着実に貯蓄できます。「風変わり」な見かけや雰囲気とは裏腹に将来設計はけっこう堅実。思ったより安定した生活が期待できそう。

Hのあとに
ベタベタするのは
ご法度です！
つるの一声

狼男の愛し方（実践編）

狼を落とす3ステップ

ステップ1
一風変わったファッションや趣味で少数派をアピール

狼男が好きな女子のタイプはやっぱり少し変わっていて、一般男性がちやほやするようなわかりやすい魅力を持った女性ではなく、特別な個性やオーラが必要。「俺だけはわかる」存在に惹かれるのです。

たとえば変わった趣味やキャリア、旅行、エピソードは狼男の大好物。そんなお宝を持っているのなら惜しみなく披露して。ファッションもコンサバ系や流行の無難なスタイルではなく、どこかにエキゾチックな個性を光らせること。ちなみに、紫は狼男が本能的に惹かれてしまうフェイバリットカラー。使わない手はありません。

ステップ2
「束縛しない女」宣言を早めにしておく

プレゼント

傘、名刺入れ、砂時計、コーヒーカップ、辞書、スニーカー…などのセンスのいい実用品。
レア感があればさらによし。

殺し文句

「運命を感じちゃった」

干渉と束縛を極端に嫌う狼男には「ウェットで面倒くさい女じゃない」ことを早めに宣言する必要があります。ここをクリアできなければ、狼男が警戒心を解くことはありません。相手に依存しない「ひとりで遊べる女子」をきっちりアピールしておくこと。ひとり旅やひとり焼肉、なんならひとり牛丼だって狼男には好印象。

ちなみにオーバーアクションのわざとらしい相槌やなれなれしいボディタッチは「安っぽくてバカっぽい女」と思われるだけなので、要注意。

ステップ3 プライドをくすぐる言葉でさくっと告白してしまう

本気でつきあいたいのなら、こちらから告白するのが得策。「今まで会った人の誰よりも個性的だったから」の殺し文句は、必ず添えて。なんだか気になる…と狼男の直感がピクリと動けばチャンスは広がります。意外に人情に厚い狼男は、助けを求め困っている女子には弱いので、悩みを打ち明けて相談に乗ってもらうのも有効な一手。狼男にとってエッチから始まる恋はないけれど、同情と好奇心から始まる恋は大いにある！　ってことを覚えておきましょう。

メール&LINEの傾向

軽いノリのあっさりめの文章で。独自のユーモアセンスもあるので、変わったスタンプで好感度アップ。自分の出したメールやLINEに返信がないとストレスを感じるのでレスは必須（即レスは×）。

※狼男の捨て方

メールでもLINEでも直接会ってでも、はっきりと言葉で伝えましょう。狼男はイメージとは違って粘着質ではないので、もめることなく別れられます。「過去はゴミ」なので、別れた後も感傷に浸ることもありません。落ちにくいけれど捨てやすく後腐れがないのが狼男。

こじか男の愛し方

基本性格

ピュアな心が可愛い草食男子の決定版

大人になってもどこか子どもっぽい心を持ち、常に人から愛され、また愛されたいと願うこじか男。イメージは「バンビ」です。ポーカーフェイスが苦手で、人にはいつも等身大の自分で接します。優しく穏やかな性格ですが、初対面の人には強い警戒心を示す典型的な「人見知り」タイプ。対人関係では好き嫌いがはっきりしていて、気に入った人としかつきあいません。信頼できる仲間と身内のようにつきあう、「狭く深く」が、こじか男の交友関係の特徴。

好奇心は旺盛ですが、無茶な冒険に興味はなく、自分のテリトリー内だけで行動することを好みます。大人になっても持ち続けている「ピュアな子ども心」で、人の本音や誠意を本能的に見抜くのはこじか男の才能。とりわけ「嘘」は絶対に許さない潔癖さがあります。

キラーワード

「ずっと一緒だよ」
「あなたの味方です」
「いい子いい子」

NGワード

「しばらく会えないな」
「少しは大人になってね」
「しっかりしなさい」

恋愛

ほっこりイチャイチャな恋がしたい！

恋人との関わりにおいて、「嘘をつかない人」と「自分だけに向けられた純愛」を求めます。要するにこじか男は、絶対に自分を裏切らない人にしか恋心が発動しないということ。もうそれは肉親の愛情に近いものかもしれません。

おつきあいも男女の情愛というより、ひたすら四六時中一緒にいたい！　いつも触れ合って愛情を確かめていたい！　ほっこりイチャイチャな恋希望（友だちともハグやスキンシップで友情確認希望）。

もともと依存心が強いこじか男の恋の形は基本受身。恋人に甘えたり頼ったりすることで愛を確認したいので、会えないときは電話やSNSでの頻繁なコミュニケーションを求めます。それは相手を「束縛したい」という思いより、「いつでもかまってほしい」というこじか男の本能のようなもの（とはいえ、不安と嫉妬から彼女の携帯をチェックすることも多々あり）。

フェロモンには興味がなく、惹かれるのは女性性ではなく母性なので濃いメイクの人やセクシー系には怖くて近寄れません。「清楚で愛らしい」系か「優しい聖母」系がこじか男のお好み。

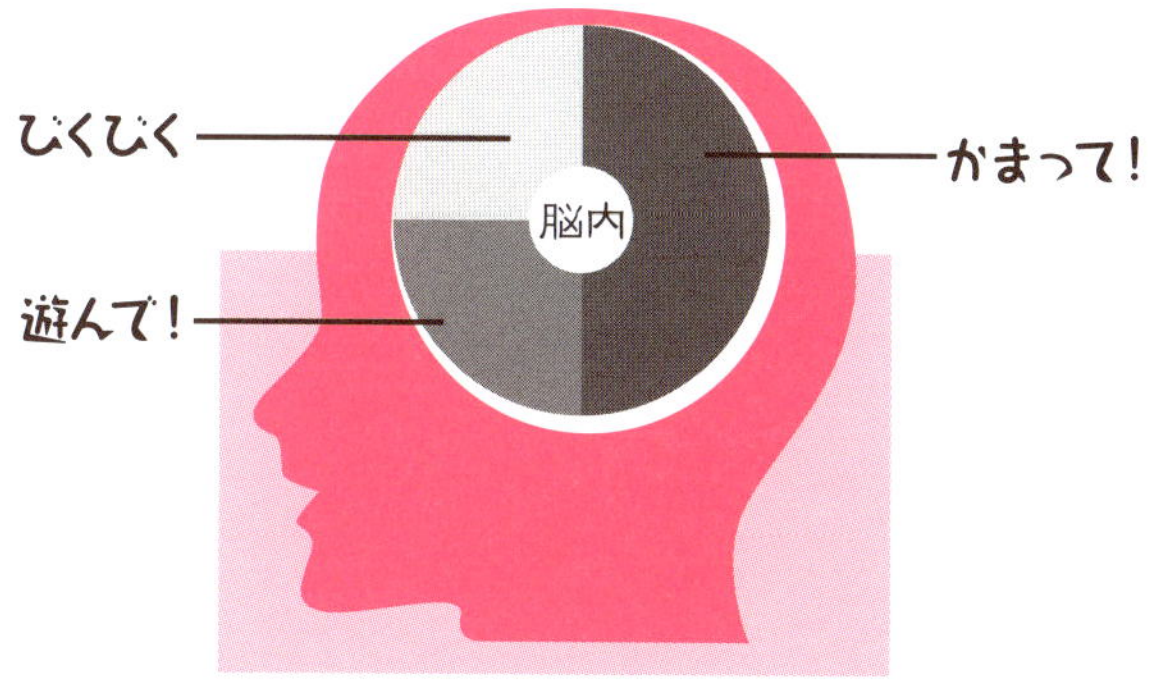

セックス

清く正しく可愛らしい純情ロマン派

常に相手を思いやる繊細でナイーブなエッチが身上。「下半身は別人格」な男性が多い中、こじか男は心とからだがイコールな純愛体質なので、浮気はもちろん、風俗も苦手。セックスが得意というわけではないので、プレイ的にはワンパターンになりがちですが、相手の喜びのためなら一生懸命に尽くす生真面目奉公型。たとえ爆発寸前に高まっていようとも、前戯には時間をかけ、互いの気持ちが高まるのを待てるジェントルマンな精（神）力の持ち主です。「一緒にイク」ことが倖せなエッチと考えているので、アブノーマルなプレイには興味ありません（やってキュート系のコスプレどまり）。

激しいセックスは苦手なので、大きすぎる声や派手な反応は確実にひかれたり怖がられます。黒や赤の「セクシー」な下着も逆効果。ここは白やパステルカラーのフリルや花柄で「ラブリー」＆「ファンシー」を強調したいところ。

こじか男にとって、女性の胸はセックスシンボルであると同時に愛情のシンボルでもあるので、行為の間は胸ばかりを触ってきたり、顔をうずめるなど「胸」に執着する傾向があります（胸の大小問わず）。

浮気

愛し愛されればそれでよし

好きな体位

おっぱいに吸いつきながら、
密着正常位

結婚

家庭という安全地帯でさらなる甘えん坊に成長

恋をしたら一直線。恋愛＝結婚どころか、おつきあいだけでも結婚を意識するこじか男。「一緒に住みたいね」「一生一緒にいたいね」の逆プロポーズは、効果的な殺し文句になります。

結婚相手に求めるものはズバリ「母性」。自分の母親が比較対象であり比較基準になっています。そんなこじか男は結婚すると「自分の家庭」という完全防備なテリトリーで、ますます甘えん坊になり、さらに母性的な愛情を求めてくるようになります。ちらほら耳にする「夫が一番手のかかる長男」というあのパターン。

子ども好きが多いので子煩悩なパパになるかと思いきや、妻の愛情が子どもに向かうのが耐えられず、わが子に嫉妬するのがこじか男です。子どもが生まれればママの取り合いになるのは必至。その一方でセックスレスになりやすいのが、こじか夫の夫婦たち。エッチはせずに手をつないで一緒に寝たい、「愛情はあるが性欲はない」の典型。

仕事ではコーチングの才能があり、学校関係者や教育者が多く、ホメられ感謝されて、マイペースでわが仕事を楽しみます。立身出世より家内安全が第1。

ベッドの中でもずっと
手をつないで寝るのが
こじか男流！
つるの一声

こじか男の愛し方（実践編）

こじかを落とす3ステップ

ステップ1 そーっと近づく、そーっと触れる

「明るい、元気、フレンドリー」どれもこじか男の好きなタイプの女性ですが、すべてにおいて「あくまで微弱」が基本。慣れるまでは警戒心を解かないので、やりすぎは「うるさい、がさつ、なれなれしい」とネガティブに査定されそう。

こじか男は女子よりデリケートと心得、笑顔でそーっと近づき、チャンスがあれば触れるか触れないかの「絶妙微弱」で腕や肩や背中にタッチ。優しいスキンシップはこじか男の「きゅん」ポイント（肩をバンバン叩くなどもってのほか）。

ステップ2 あってもなくても「胸」で勝負

こじか男は12キャラ中ナンバー1の「胸」フェチ。胸元を強調す

プレゼント

手料理、
ハンドメイドの編みもの、
手紙などの
ドメスティック系。
ぬいぐるみやフィギュアなど。
「私だと思って
そばに置いておいてね♡」
のひと言を添えて。

殺し文句

「ず〜っと
一緒だよ」

るファッションはマストですが、即効性を期待するならやはり視覚より触覚。「一緒に写真いいですか」と、さりげなく胸をグイっとくっつけてみて。普通の男子なら「え…」と、怪訝《けげん》に思うところですが、こじか男は「きゅん」とくるので大丈夫。こじか男にとって「胸」は限りなく母性に近いエロなので、性を感じさせるフェロモンはとことん封印し、無邪気で明るい「胸グイ」で攻めること。

ステップ3 「お姉さん」キャラで優しくリード

すべてにおいて優柔不断なこじか男は女性の優しいリードを期待しています。メニュー選びに迷ったらすかさず「何がいい？　和風にしようか」とふんわり仕切ってあげること。こじか男がボケたら「こらこらぁ」と、甘めにフォロー。いつもかまってほしい甘えん坊なだけに、お姉さんタイプには弱いんです。

男性には禁句といわれる「可愛い」も、こじか男には立派なホメ言葉なので、ことあるごとに「可愛い」を連発し、優しいお姉さんキャラをアピール。会った日は必ずＬＩＮＥやメールで「終電間に合った？　ちゃんと帰れた？」と、気遣いを見せれば完璧。

メール&LINEの傾向

「今、何してる？」の挨拶から「今日の出来事」の報告まで、短文長文問わず頻繁に送ること。絵文字とデコメ、スタンプの数は愛情とカウント。即レスが基本。「声が聞きたくなっちゃって」の電話もうれしい。

※こじか男の捨て方

別れは万死に値するこじか男。時間をかけて少しずつ、距離をあけていくほかなし。焦って別れを口にすると激高してしまうので、細心の注意を。どうしても今すぐ別れたいのなら、引越しも視野に入れて。

猿男の愛し方

基本性格

ホメて、競って、すくすく育つ小学生

フレンドリーでノリがよく、一緒にいると面白いことが次々に起こるのが猿男。目立ちたがり屋で、少し幼稚なところがありますがチャーミングな人です。イメージは「小学5年生のちゃっかり男子」。

仕事も恋も人生も、ゲーム感覚で楽しもうとする根っからの楽天家で享楽家。頭の回転も速く、細かいことや小さなことによく気がつくので、周囲の状況や人心の変化も敏感に察知します。

猿男は「今日1日が楽しいこと」と「ざっくばらんな身軽さ」と自由を好みます。はるか彼方にある大きな野望や夢より、日々の小さな冒険が大事。頑張ればきっと手が届くちょっと先の目標がいい。

喜ばれたりホメられたりするのが何よりのモチベーションになるので、人のためにも、とことん頑張れる男です。

キラーワード

「面白いね」「楽しいね」
「人気があるね」
「頭がいいなぁ」

NGワード

「つまらない人ね」「軽すぎるよ」
「人生ナメてるよ」
…などの説教全般

恋愛

直感で恋して、楽しく遊ぶ短期決戦型

じっとしているのが苦手で、退屈には耐えられない猿男。恋愛もゲームのようなわくわく感を楽しみたいと思っています。直感で恋するタイプなのでひとめ惚れも多く、「出会い」で恋が決まります。

猿男の直感を刺激するのは「明るくアクティブ」な女子。容姿だけでなく、特技やユニークな思考によく反応し、相手の長所や魅力をきっちり見抜く猿男ですが、恋の絶対条件は「親しみ」や「気軽さ」。ファッションやメイクも「絶対カジュアル」と覚えておいてください。スカートよりパンツ、パンプスよりスニーカー、ヘアスタイルも、ハーフアップやゴージャス巻きのロングよりポニーテールやショートが有効。食事も居酒屋やファミレスで十分満足なんです。

まどろっこしいかけひきは苦手（面倒くさいの）で、食事もエッチのお誘いもシンプルでストレートなのが猿男。待ったり、粘ったりはできない性分なので、「ちょっと考えさせて」なんて、じらす態度は逆効果です。即断即決、短期決戦のスピード感も猿恋の持ち味。

人のおもちゃがほしくなるタイプなので、気がつけば略奪愛のパターンもけっこうあり。

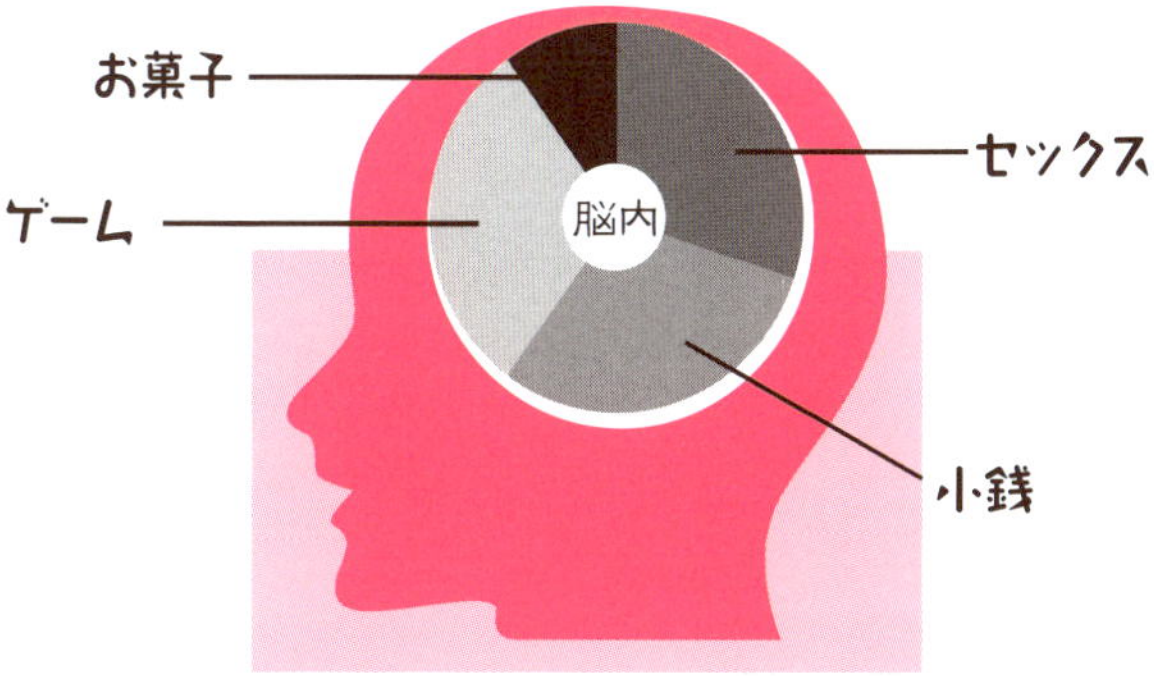

セックス

うまい、早い、安い！ エッチもカジュアル派

「今日できる女がいい女」は猿男の格言（戯言《たわごと》）。ストレートに誘い、相手をその気にさせる手腕は実にお見事。堅苦しい雰囲気は苦手なので「カラオケのついでにエッチでもどう?」と、セックスもフランクな「ノリ」と「勢い」で、ゲームやスポーツのように楽しみます。

猿男にとってエッチの醍醐味は「敵を攻略する征服感」なので、ナンパなら成功率、セックスも中身より回数にこだわります。

性欲も強くエッチ好きなわりには前戯は短く、1回のプレイはあっさりと薄味。芳醇なコクも深みもないけれど、そのぶん、果てなく求めることが可能です。また手先が器用なので、経験を重ねるごとに技を習得し、エッチ職人と呼ばれるテクニシャンに成長。

猿男はホメられると伸びるタイプなので、エッチも毎回ホメてほしいと思っています。ホメポイントは、もちろん回数と自慢のフィンガーテクニック。女性が静かにしていると、「楽しくないのかな」と、気になるので、声もリアクションもホメも大きめで。ちなみに、ホテルはポイントが貯まってサービスタイムが長いところなら、快適&ご機嫌&ご満悦。

浮気

据え膳食わぬは男の恥

好きな体位

セックスもゲーム感覚で

正常位からバック

結婚

夫婦が同じ目標を持って、「結婚生活」を遊ぶ

意外にも結婚と恋愛は別物だったりするのが猿男。しっかりわけて考えているというより、境目がぼんやりのボーダレスタイプ。それは恋愛はエンジョイするためにあるけれど、結婚はなりゆきだと思っているから。「結婚とはかくあらねば」なんていう定義もビジョンもありません。

あえて言うなら「らしくない」が猿男の結婚観。夫らしくない、夫婦らしくない、パパらしくない、友だち同士のような結婚生活が理想で、どこまでも「自分らしく」楽しみます。

もちろん、妻が仕事を持つことには大賛成。同じ目線で対等に話がしたいし、「各々別に稼いで一緒に使う」のが何よりの楽しみ。「どうやって貯める？ 何に使う？」と、ふたりで考えることが夫婦生活における最大の幸福。「1回のエッチに500円」の課金ルールを設け、10万円貯まったら旅行へいく！ なんていう猿同士のカップルも。これは猿ならではの趣味と実益をかねた蓄財というゲーム。

仕事に関しては処世術にたけた世渡り上手で、上のウケもよいので、いつのまにかするすると出世しているタイプ。

デートと
Hの回数こそが、
愛情のバロメーター
つるの一声

猿男の愛し方（実践編）
猿を落とす3ステップ

ステップ1 **安いお菓子で餌づけする**

短期決戦型の猿男はノリと直感がすべてなので、出会ってすぐが勝負どころ。「この子、明るくていいかも」という刷り込みがすべてです。その刷り込み作業のひとつとして、利用したいのが「安価なお菓子」。ガムやチョコをバッグの中から、さりげなく出して「ほい」とプレゼントしてみて（大阪のおばちゃんのアメちゃん風で可）。こんな子どもだましが功を奏するのが猿男。なんせ心は小学5年生ゆえ、お菓子外交はフランクさをアピールすることになり、距離を一気に縮めます。ただし手づくりや高価なお菓子では響きません。

ステップ2 **デートは昼、ランチはカレーの割り勘がミソ**

アクティブに遊びたい猿男とのデートは原則、「昼」です。そし

プレゼント

ゲーム、貯金箱、おもちゃ、安価良品な家電、雑貨。

※高価なものより、安価なものを何度ももらう方がうれしい

殺し文句

「私にはわがまま言ってもよし！」

て何をするにも食べるにも、「カジュアル」が鉄則。食事も格式のある堅苦しいお店などではなく、カレーやオムライス、パスタなどの肩のこらない気さくなお店がベスト。ただしどんなに安い料金でもお会計のときは「割り勘でね」と当然のように支払う姿勢を見せること。金勘定（特に小銭）にはちょっとうるさい猿男にとって、これはひとつの試金石。ここをクリアすれば、愛情もお金も持ち前のノリでどんどん使ってくれるようになるはず。

ステップ3 エッチもざっくばらんに誘ってみる

ノリとスピードが大事な猿男なので、かけひきは無用です。デートのお誘いも告白も明るくストレートに先手必勝で。エッチだってあっけらかんと「今日したい気分！」と、こちらから誘うのはかなり有効。重要なのは「楽しかったね」と、さらりと帰ること。余韻やムードは恋を湿らせます。

また、猿男はスケジュールが埋まっていないと不安なので、次のデートは必ず約束してください。ただし予約は来週かせいぜい一カ月先までが限界。

メール&LINEの傾向

愛をメールやLINEで語る気はないし、そもそも面倒くさがりなので用件のみの実質系。既読になっていても返事がこないことも多い。「なんで返事くれないの？」の追加メッセージは×。「では続きはまた今度！」と、興味をひくようなあっさり系が○。

※猿男の捨て方

ほかの男友だちとカラオケやゲームなど「楽しい」ことをする。合コンにいってもよし！　自分の浮気はOKですが、彼女に対してはNOの猿男。楽しくない恋に未練はないのであっさり去っていきます。

チータ男の愛し方

基本性格

人生をポジティブに突っ走る華やかな狩人

見た目も若く、勢いとセンスで熱く生きるのがチータ男。その資質は「永遠のチャレンジャーでハンター」です。即断即決、狙った獲物は逃がしません。話と態度は大きめ、プライドと野望はどこまでも高めですがポジティブでさわやか。頭のキレもよく、人の心の動きや空気を敏感に読んで対処できるので、なんだかんだでモテる男。「見るな、やるな」と言われたことほど、「見たくなる、やりたくなる」あまのじゃく体質はチータ男の大きな特徴で、これは負けん気の強い反骨精神の表れ。恋も仕事も人生も、成功願望の強さは12キャラ中ナンバー1。競って勝つことに喜びを感じるアスリート系ですが、早とちりと強い思い込みで起こすトラブルも多く、「まずはお前が落ち着け」と言われがちなのがチータ男。

キラーワード

「まっすぐだね」「行動力があるね」
「仕事が早いね」
「あなたならできる」

NGワード

「意外に地味だね」「こんなことも知らないんだ」「どうせ私なんか…」
などの卑屈、自虐、ネガティブ系の言霊全般

恋愛

高嶺の花を追いかけて、落とすことが生きがいです

「この人！」と感じたら、どんな高嶺の花だろうと全力でアプローチする、せっかちな狩人体質。用意周到に事を進めますが、狙った相手がなかなか落ちないとあっさり捕獲を断念。「じゃ、次」と、あきらめも切り替えも早いのがチータ男の恋の特色です。

目移りが激しく、「今気になる人が好きなタイプ」という典型的なプレイボーイ。キュート、シャープ、クール、セクシー系…「どの花もみんな違って、みんないい」という博愛主義者ですが、ころころと態度が変わるような「つかみにくい」感じにときめきを感じます。みんなに人気があって、するりとどこかへいってしまいそうなちょっとハードル高めの女子がチータ男の大好物。

ただし、いったん自分のものにしてしまうと急速に興味を失い、釣った魚にエサをやらないどころか「釣った魚はいらない」キャッチ&リリースの男。たやすく落ちる女には食指はぴくりとも動かず、重たい女、湿度の高い女は苦手というより天敵に感じるほど。

ちなみにチータ男は脚フェチが多いので、どんなにルックスがよくてもナイスバディでも、脚（首）が太いと高確率でアウト。

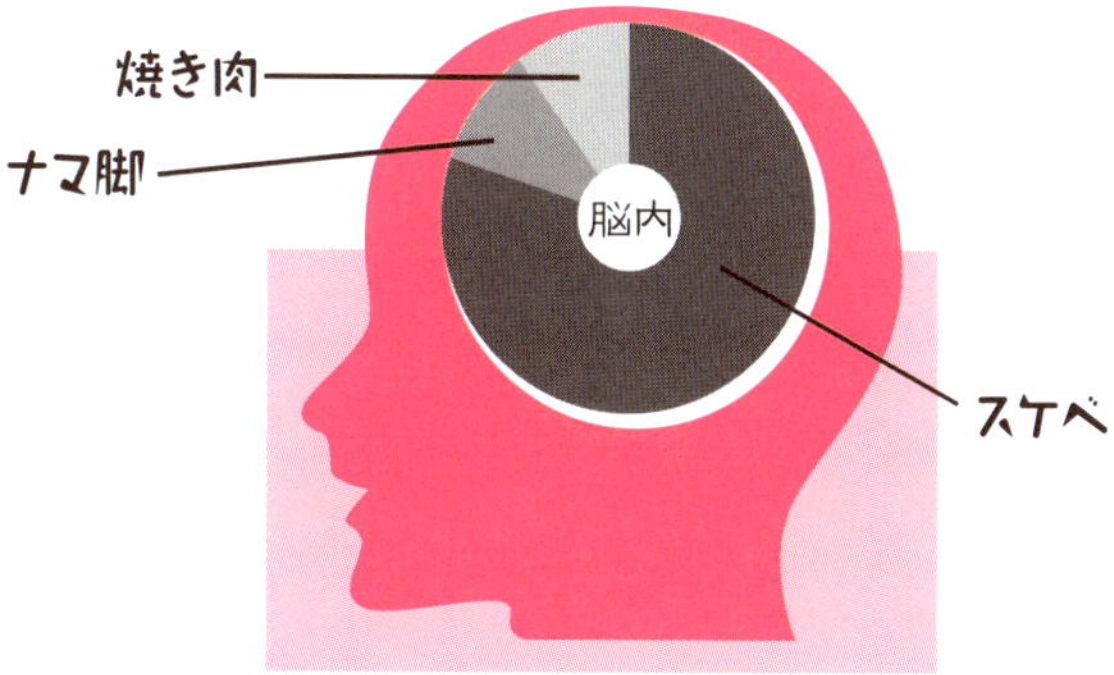

セックス

SMプレイもひとつの愛の形

からだをしめつけるネクタイやスーツが嫌いな「裸至上主義」のチータ男にとって、恋人と裸で抱き合うことは人生一番の至福であり、究極のリラクゼーション（必然、コスチュームプレイには興味なし）。とはいえ、ただ抱き合えば満足というわけではなく、そのハンター気質はベッド上ではさらに顕著に表れます。

性欲が満たされるまで、ありとあらゆる手段を使って攻めて落とす肉食系の野獣エッチが持ち味。相手をとことん楽しませる努力は惜しまず、その熱いスケベ心を上回るテクニックも持ち合わせている、心技体そろったエッチ巧者です。

プレイの幅も広く、中でもSM系はけっこうなお気に入り。Sっ気のあるチータ男にとっては、これもれっきとしたひとつの愛の形。エッチは激しければ激しいほど燃えるので、反応は早め、リアクションは大きめで。自分がリードしたい方なので、相手から攻めまくられたり、仕切られたりするのは興ざめ。

1度エッチをすると満足して飽きてしまうチータ男には、ベッドの上でも挑発的な「逃げ」と「じらし」が効果的。

浮気

目の前にいる人が今日の恋人

好きな体位

変則体位が得意なオールラウンドプレイヤー

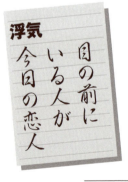

結婚

夫になっても恋心は急にとまれない

「明日、結婚しよう！」と得意の即断即決プロポーズも、十分ありえるチータ男。結婚ですらスピードと鮮度が大事なので、必然、ノリと勢いでの離婚も多くなりそう。

「結婚しても恋していたい」チータ男は、結婚後も落ち着く気配はなく「恋」という名の浮気を繰り返すことは必至。

しかし、女性の浮気にも寛容で、バレても妻や恋人の心が自分に向いていれば、あっさり許す（かも）、ひょうひょうとしたフェミニズムの持ち主。結婚したからといって、良くも悪くも「生き方」は変わらないのがチータ男です。

「妻には家事を完璧にこなしてほしい」とか「子どもは一男一女で」とか、家庭や結婚生活について譲れない理想があるわけではないので、そこはゆるめ。外食も大好きなので、料理も家事も多少手抜きでも大丈夫。そういう点では手のかからない夫、ナンバー1。家庭第一のマイホームパパを強要すると、息苦しくなり、遁走《とんそう》するので、ほどよい距離感とほどよい放置の「放牧家庭」が理想。

出世欲はある方なので、旺盛な好奇心と野心で上を目指します。

相手が逃げると、
追いたくなる狩人の習性
つるの一声

チータ男の愛し方（実践編）

チータを落とす3ステップ

ステップ1 位置について…で「熱い目線を送って」

できることなら世界中の女性と恋したいと思っている筋金入りのプレイボーイなので、考えようによっては落とすのはイージー。要するにチータ男の目にとまり、「獲物」と認知されればいいこと。そのためには、まず目線でサインを送ってみる。「素敵、かっこいい」などの言葉で媚びると「簡単に落ちる女」だと思われ、チータ男の狩猟魂に火がつきません。視線を送る、じっと見る、合えば視線をはずす、次はそらさず見つめ続ける…と、「目で口ほどにものを言わせる」こと。いわゆる「色目」が恋愛開始のトリガーになります。

ステップ2 ヨーイ…で「今どきメイクとナマ脚で惹きつけ」

ハードルが高い女性を追いかけて落とすのがチータ男の本望。会

プレゼント

有名人愛用の品。ファッション誌に掲載されている流行の品々。
限定品などのレアもの。
（値段は関係なし）

殺し文句

「モテるのはしょうがないね」

うたびにヘアメイクやファッションを変え、「つかみにくい」女を演出し、「追いかけたい」願望を刺激。ばっちり決めた今どきメイクの翌日は、ふいのすっぴん（風）で意表をついて。

そしてチータ男子にとって「脚」は顔より重要パーツだったりもするので、ナマ脚は厳守。華奢《きゃしゃ》なミュールや足首を引き締めて見せてくれる高めのヒールも、もちろんナマ脚で。

ステップ3 ドン！で「あなたのこと嫌い！」と拒否する

「追いかけるより追わせること」は、チータ男とのおつきあいでの鉄則です。「あなたの思うようにはならない」という雰囲気や振舞いはチータ男の狩猟本能を激しく刺激するはず。「あなたのこと嫌いかも」なんて拒否されようものなら、大して好きなタイプでもなかったのに、とたんに興味がわいて「じゃあ好きにさせてやる」と、恋愛モードにチェンジするはず。デートの帰り際も重要ポイント。「え、もう帰るの」と、思わせるような時期尚早なタイミングで「バイバイ」と、あっさり撤収すること。「1度エッチしたくらいで勘違いしないでね」も、必殺の名ゼリフ。

メール&LINEの傾向

基本的には面倒だと思っていますが、興味がある女性には落とすためのツールとして積極活用するタイプ。テンポよく返信すること。ただし媚びや献身を感じさせる重め甘めの文章は封印。ツンツン度、高めで。

※チータ男の捨て方

こちらが逃げると執拗に追われることがあるので、チータ男との別れはあえて「逃がす」戦法で。「浮気したでしょ…」と、ネガティブな呪詛をねちねち吐き散らかせば、あっさりと逃げていくはず。

黒ひょう男の愛し方

基本性格

人生「人情とセンス」がすべてのスタイリスト

　クールで洗練された雰囲気ですが、話をしてみると気さくで親しみやすい黒ひょう男。どこかに少しだけ孤独と繊細さを抱えていたりします。困っている人を見ると放っておけない人情家で、誰にでも優しく接する、ややもすると「いい人でいたい」八方美男（人）。その人柄で、グループの中ではいつのまにかリーダーシップをとっている自然発生的リーダータイプです。

　常に新鮮な刺激にさらされていたい黒ひょう男は衣食住すべてに自分のスタイルを持っています。トレンドには詳しく、12キャラ中ナンバー1の情報通。また、黒ひょう男には「努力を隠す」という独特の美学があって「頑張り」を見せないのも、ひとつのスタイル。鋭い感性とセンスのよさは、ときに手厳しい評論家になることも。

キラーワード

「センスいいよね」

「見る目があるね」「おしゃれ」

「情報が早いね」

NGワード

「ダサい」「平凡」「暗い」

「それ変じゃない？」

「怒ってるの？」

恋愛

究極の愛を求めて、手当たり次第に恋をする妄想族

友人も多く異性にもモテる黒ひょう男ですが、恋愛は真面目で一途。遊びや打算でつきあうことはまずありません。だけど「理想の恋」を手に入れるために、いくつになっても恋をしていたいと思っています。究極の愛を求めて、とっかえひっかえ（でもいちいち真面目な）恋をする黒ひょう男は、チータ男とは違った愛の狩人体質。

感性やセンス先行型なので、ひとめ惚れもありますが、その一方で押しに弱く「つきあって」と頼まれると、きっぱり断ることができないのも黒ひょう男の性。ついつい情にほだされておつきあい…のパターンも恋の習慣のひとつ。

「冷静と情熱」を併せ持つ黒ひょう男は恋愛においても独自の「揺れ」があり、「理想の人」と思った女性が次の日には「違うな…」と迷走しがち。なんせかなりの妄想族なので頭の中で妄想（エロも含む）がふくらみ、「いい女だったぜ…」なんて勝手に恋を終わらせたり、自爆したり…で、陶酔。

自分なりの恋愛論や人生哲学を持っていて、ときに熱く語り出すので、たとえ聞いたことがある話でも真摯《しんし》な姿勢で聞くこと。

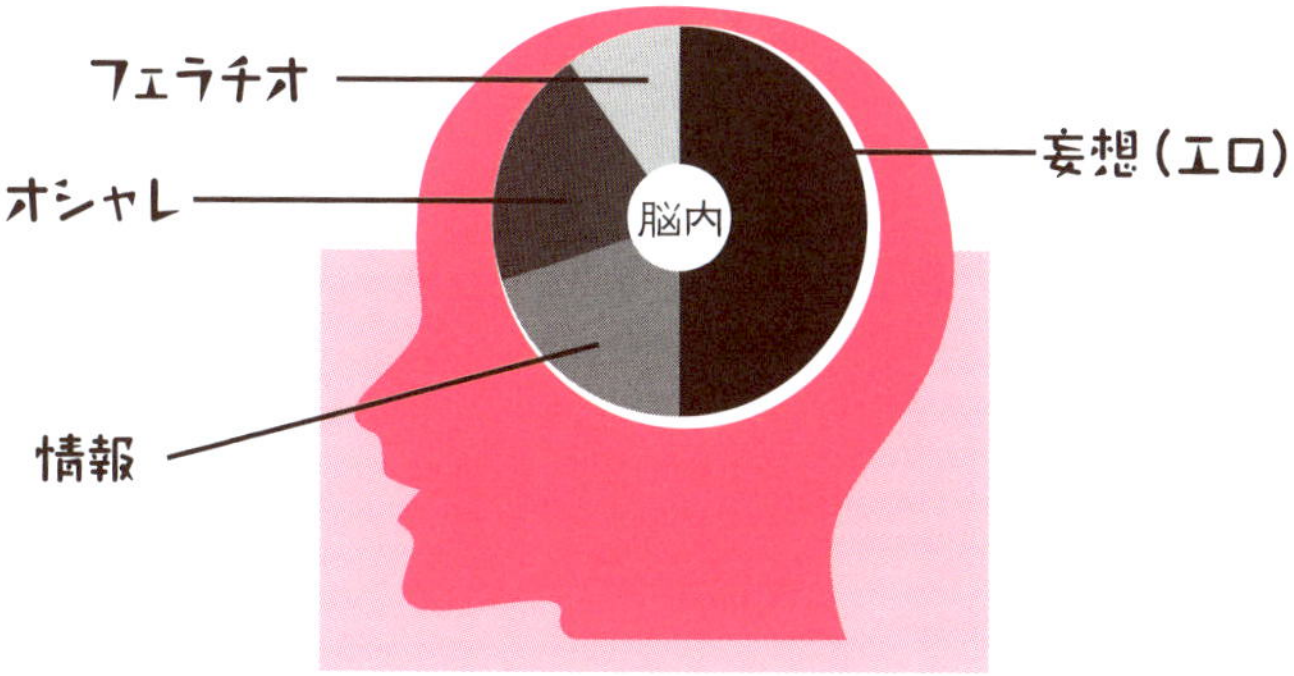

セックス

ベッドの上では主導権を渡さないクールな王子様

愛に対して理想が高く、セックスの相性だけでなく、精神的な絆を求めるため、からだだけの関係にはむなしさを感じます。強い欲望を持ちながら、愛も知りたいのが黒ひょう男の性。

そんな割り切れない思いや葛藤が悶々の情欲をクールに見せるのか、下心をこれっぽちも感じさせず、いつのまにかホテルまでこぎつけるやり口は、12キャラ中ナンバー1のスマートさ。肉食系のガツガツ感オラオラ感を封印できるのが黒ひょう男の技です。とはいえ、クールに見えても頭の中は常に煩悩まみれ。本当はエッチと女子のことでいっぱいの超妄想族ですから。

プレイでは「挿入前に満足させたい」「マンネリなキスはしたくない」という、前戯には自信のある自称テクニシャン。主導権は最後まで離さず（相手にリードされるととたんに萎えるので）、焦らせたり、じらしたりしながら、相手が極まるのを見守ります。

「とにかく彼女を喜ばせたい」と、自分がイカずとも相手がイケば満足。女性の反応を見てさらに発奮するタイプなので、乱れる姿を冷静に細かくチェックしています。演技は見抜かれるので要注意。

浮気

相手のルックスがよければついていきます

好きな体位

たっぷりクンニのあとは顔を見ながら正常位

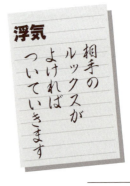

結婚

友だち進化系の夫婦が理想。ぬかみそ臭は厳禁

友情から恋へ。恋から愛へが黒ひょう男の結婚プロセス。理想の愛を求めてさすらった末、落ち着いた先は仲のいい女友だち。結局自分のいいところも悪いところもよーくわかっている女性が妻になるパターン。家庭には暮らしやすい自分たちらしい形を求めるので、家事から育児までスマートにこなします。なんせ「いい人」でありたい黒ひょう男ですから、妻子からも「いい夫」「いいパパ」と言われたくて、日々楽しく奮闘。家庭を大事にする子煩悩な人です。

その一方で、結婚後、黒ひょう男が唯一豹変するのが「妻への嫉妬心」。妻の外出がけっこう気になり「へー、どこにいったの」「誰がいたの」「何人で会ったの?」と、さりげなく根掘り葉掘り。もともと、気が小さく嫌われたくないしプライドもあるので、正面切ってのやきもちは焼きませんが、実はじわり「束縛」するタイプ。

スタイリストが多い黒ひょう男は、ぬかみそ臭い所帯じみた家庭を嫌います。家事や育児にかまけて、美容院にもいかず傷んだ髪でも平気な妻には愛情喪失。結婚後も「おしゃれ」を怠けないことが夫婦円満の秘訣。

ネコ科だから、
舐めるのも
舐められるのも
大好きなのだ!
つるの一声

黒ひょう男の愛し方（実践編）

黒ひょうを落とす3ステップ

ステップ1 **ナチュラル系ファッションを封殺せよ**

リネンのワンピなどゆったりとしたシルエットのナチュラル系のゆるりふわりはすべて「もっさり、ダサい、いなかくさい」に見える黒ひょう男。強く惹かれるのはモノトーンを基調としたシャープで都会的な雰囲気。尻フェチでもあるので、ジーンズならスキニー、スカートならタイトなどヒップラインやボディラインが強調されるボトムスは黒ひょう男を落とすための基本のキであり、必着の戦闘服です。感性型の黒ひょう男は「見た目」で、人となりやセンスを査定するので、ファッションはことのほか重要と肝に銘じて。

ステップ2 **「俺の主張」を聞いてあげる**

正義感と批判精神にとんだ黒ひょう男の青年の主張はけっこう熱

プレゼント

デスクまわりの小物、
最新の文具雑貨、
話題の洋書、
流行のファッション。

殺し文句

「やっぱり
かっこいい
よね」

い。俺の考え、俺の気持ち、俺の自慢話を聞いてほしくてうずうず。普段聞き役にまわることも多いので、しっかり聞いてあげると一気に距離が縮まります。そして具体的な服や小物選びのセンスをホメることも忘れずに。ちなみに黒ひょう男の場合、「すごいね」「かっこいいね」などの単純なホメ言葉ではホメにならないので「どこの財布？　○○か。やっぱりセンスいいね」と具体的にホメること。

ステップ3 新鮮な情報を提供する

黒ひょう男はトレンドには敏感ですが、「セレブ御用達の店」にいきたいわけじゃありません。ただみんなと同じ店、ありきたりのデートスポット、おしゃれじゃないファミレスがイヤなだけ。「近所においしいベトナム料理のお店ができたの、今度いってみよう」で十分満足&ハッピー。トレンドを追いかけるのは「新鮮」「刺激」を感じてときめいていたいから。

黒ひょう男は、流行の店、話題のもの、人間、時事…「新鮮な情報」を提供してくれる人に圧倒的な興味や好意を持ちます。もちろん、恋の始まりも大事なのは鮮度とレア感。

メール&LINEの傾向

電話やメール、LINEもけっこうまめに出してOK。ただしワンパターンだと飽きるので、そっけない短文からスイートな口調、スタンプにひと言だけ添えて…と、キャラを変えて。流行の最新情報はマスト。

※黒ひょう男の捨て方

プライドの高い黒ひょう男と別れるにはフるより、フラれるのが得策です。①昔の彼女に嫉妬する②黒ひょう男の話をつまらなそうに聞く、もしくはスルー③人前で怒る…で、あっさり離れていきます。

ライオン男の愛し方

基本性格

好きな言葉は「1番」。野望もプライドも高い俺様

負けず嫌いで男気あふれる俺がナンバー1のリーダータイプ。「俺が上」のマウント姿勢は、人、場所、時間、男女問わず崩しません。ゴージャス＝かっこいいという思考なので、生き方すべてが派手志向。派手に飲み、派手に遊び、派手に恋します。

しかし決して口先だけの派手男ではなく、その有言実行率の高さはかなりのもの。徹底的に努力を重ね、たったひとりで事を成し遂げる精神力の強さは本物。本音も弱音も決して周囲にもらしません。

ライオン男は「人にホメられたい」という思いが強烈に強く、見栄をはるのも、人と競って絶対に勝つのも、すべてはホメられたいから。本当は孤独を感じている寂しがり屋で、ひと皮剥けば、甘えん坊。社交家に見えますが、信じている者以外には心を開きません。

キラーワード

「ケタが違うよ」
「世界基準」「スペシャル」
「君だけ特別枠」

NGワード

「怖い」「えらそう」
「〜じゃね？」（などのタメロ）
「意気地なし」

恋愛

わがままは「俺についてこられるか?」のお試し愛

好きな四字熟語は豪華絢爛と波乱万丈。そんなライオン男が恋愛に求めるものもやっぱり「ゴージャス」。人目をひくオーラや華のある女性と人がうらやましがるような恋がしたい！「見た目は派手なセレブで、振舞いはナンバー1キャバ嬢」がライオン男の理想の恋人。

つきあいが進むと、あれこれわがままをぶつけてくるのは「俺の愛についてこられるか」のお試し期間で、甘えでもあり、本命彼女昇格への査定でもあります。1度関係を結ぶと露骨に「俺の女」感を主張してくるのもライオン男の特徴のひとつ。

またケンカするほど仲がいいと思っているので、ケンカの火種はあえて絶やしません。やきもちは焼くし、相手にも焼いてほしい。日々に小さなドラマ（波乱）が必要なタイプ。平和すぎる「しみじみ」系の低体温な恋なら、しない方がましだと思っています。

世間の目を常に気にしているので、おしゃれも態度もびしっと決めていますが、家ではよれよれのジャージでゴロゴロ。そのギャップに戸惑いますが、どっちの姿も本当のライオン男。見栄をはって生きているぶん、本音では優しい癒しを求めています。

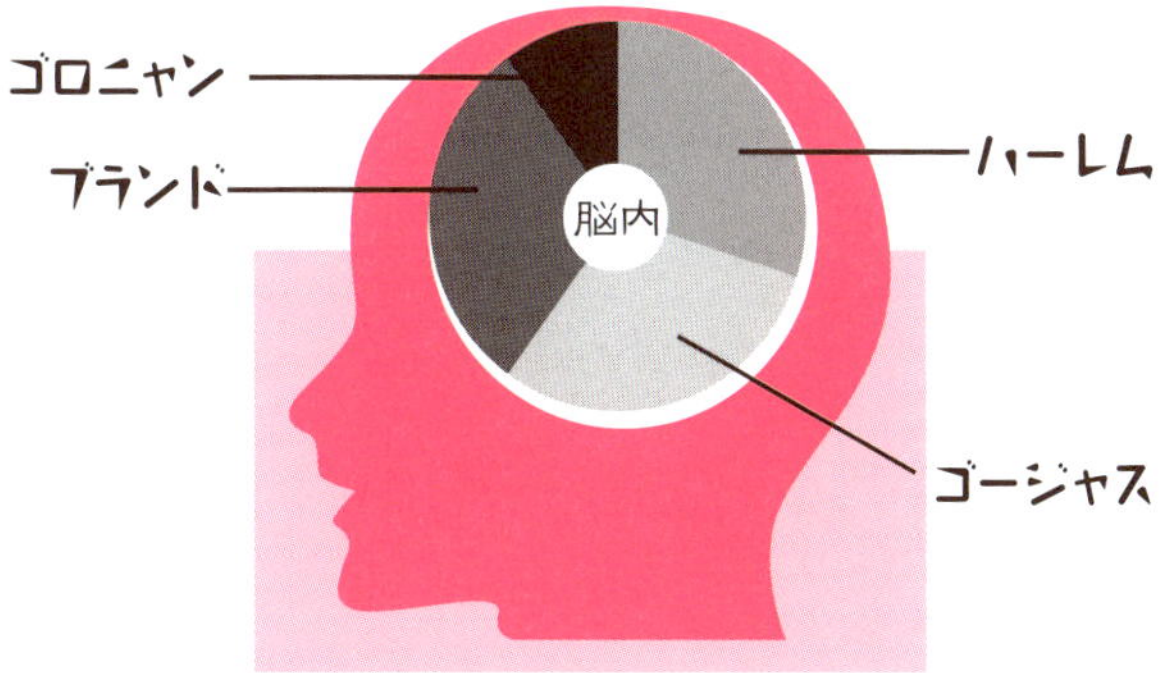

セックス

官能劇場の脚本、監督、主役は俺

百獣の王の名にふさわしく、エッチも相当強いライオン男。精力にも人一倍自信とプライドを持っているので、ベッドの上でもやることなすこと自信満々。S気も強く、いつ、どこで、どんなセックスをするか…強いリーダーシップで夜を仕切ります。雰囲気のいいバーで飲んで、夜景の見えるホテルの最上階で仕留める…そんなラグジュアリーな演出は、一流を好むライオン男の譲れないこだわり。

セックスは激情型オールラウンドプレイヤーで、変則もOK。制服フェチなのでコスチュームプレイには興味津々。制服をばりばりと脱がすバイオレンスな一瞬がライオン男の征服欲を満たす、とか。

王様は無敵ですが唯一の弱点が首。攻守ところを変えて攻めるなら、ここです。もちろん甘噛みで。ただし自分より性欲の強い女子は認めないし、以後関わろうとしなくなるので、よき加減で。

ライオン男はからだだけが目的の場合、事が終わると急に冷たくなってくるりと背をむけて寝るわかりやすいタイプ。しかし、心を許した女性の前では、猫のように甘えるのがライオン男子の特色です。甘えか、くるりか。瞬間でジャッジ可能。

浮気

年上のきれいな女性ならいつでもGO

好きな体位

理想はハーレム。
複数プレイで王様気分

結婚

甘え王を転がせる姉さん女房希望

恋愛なら年下のゴージャスな美人を連れて歩きたいけれど、結婚となれば話は別。妻は家と自分をしっかり守れる人と決めています。しかも年上の世話焼き女房を希望。実際、ライオン男の姉さん女房率はかなり高め（ひとまわり上でも可の本格派も多い）。百獣の甘え王でもあるので、「年上じゃないと務まらない」と、本人が一番自覚しているのかも。

結婚式は一世一代の大イベントなので、襲名披露クラスの格式と絢爛が必要。結婚式に限らず、各種記念パーティーや旅行、家の新築…と、お披露め目的のイベントは腕と夢とプライドの見せどころなので、借金をしてでも…の気骨あり。「金は天下のまわりもの」と借金など苦にもせず、大きな仕事を成功させるのもライオン男です。

豪気な一方、完璧主義者なので、家事にも子育てにも口うるさく「賞味期限切れてるよ、これ」と冷蔵庫チェックする細かさもあり…。

子どもにとってもきつめの教育パパとなり、お受験に精出すタイプ。厳しさは愛情だと思っているので身近な人ほど厳しく当たりますが、そのぶん、自分を慕ってくる者は徹底して守ります。

つるの一声

特定の彼女の前だけ豹変してしまう「俺」

ライオン男の愛し方（実践編）

ライオンを落とす3ステップ

ステップ1 ホメて、ホメて、ホメ落とす

ライオン男を落とすのに小難しい会話や緻密なテクニックは必要ありません。「すごい、素敵、かっこいい、さすが」と、単純なホメ言葉の連発連呼が基本でありすべて。ふたりだけのときにホメても効果はあまりなく、「人前で大声」がポイント。←ここ重要。

ホメポイントは何でもいいんです。「この靴、すごく高そう。やっぱりブランドものが似合うね」ぐらいの直球がむしろ効果的。王のプライドをくすぐるのは、やりすぎなくらいのあからさまなホメ言葉と覚えておいてください。

ステップ2 甘えて、笑って、テンション高めで

すべてにおいて「派手」がライオン男攻略のキーワード。彼への

プレゼント

ブランドのアクセサリー、
キーホルダー、
バカラのグラス、
ペンハリガンの香水など、
豪華1点主義で。

殺し文句

「すごい、
すごい、
すごーい！」

リアクションもオーバー気味を心がけてください。笑うときは大きな声でのけぞるくらいでちょうどいい。はにかんだくらいではカウントされません。喜びと感謝の表現は「ありがとう！　うれしい！」と小躍り、ガッツポーズつきで。ひさしぶりの出会いなら、いきなりのハグも効きます。

地味や控えめな女性はそもそも目視できないので、ファッションも赤やゴールドで派手に大胆に着飾って。

ステップ3

擬似ハーレムをつくって王様心をくすぐる

ライオンといえばハーレム。大勢の女性にかしずかれたい…という男の野望を色濃く持っています。本能的に大勢の女性に囲まれるとそれだけでテンションも上がり、ご機嫌になるので、擬似ハーレムをつくってしまいましょう。女友だちと示し合わせて、♀3対ライオン男1の黄金比率で食事会を決行。地味めな女子友をそろえた出来レースで、あなたは華やかな女性性を前面に出して勝負。目立てばそれだけでアドバンテージ。あとはライオン男の指名を待つだけです。

メール&LINEの傾向

かまってくんゆえメールやLINEは大好物。「元気？」みたいな様子見、挨拶メールは興味なし。内容はもちろん「ホメ」と「アゲ」と「応援」が原則。派手めのスタンプももちろん有効。

※ライオン男の捨て方

①ライオン男が嫌いなグチや皮肉をネチネチと言い続ける。②ライオン男の言動を正論で攻撃する。どちらかで即刻関係は清算できますが、無傷ではすまない覚悟を。③貧乏くさいオーラを出して、嫌われる。という戦法は時間と手間はかかりますが無傷の有効打。

虎男の愛し方

基本性格

熱いパワーで愛と正義に生きる人

振舞いは常に堂々としていますが、気取らない人柄で交友関係は広く、言ったことは必ず守る「安心と信頼」の男。目立たないけれど独特の存在感があり、いつのまにか周囲に影響を与えている実力派の参謀タイプです。人間関係、思想、ファッションにいたるまで、優れたバランス感覚を発揮し、何かに偏ることはありません。

プライドは高く、かなりの頑固者で、生き方も発言もすべて直球勝負（というか直球の剛球しか投げられません）。あいまいなニュアンスや雰囲気で何かを伝えたり、察知するのは好きではありません。

無類のユーモア好きで、やっぱり冗談もきつめのストレート。自分が言うぶんにはかまいませんが、相手の無礼な言葉にはすぐにキレます。度量の大きい虎男の唯一、小さいところがここ。

キラーワード

「おなたのおかげです」

「大物」「頼りがいがある」

「勝負強いね」

NGワード

「ひと言がキツイね」

「お金の話ばかり？」

「何でも決めつけないで」

恋愛

恋人選びは、時間をかけてじっくりと

虎男は恋といえど、見た目や雰囲気だけで好きになることはまずありません。人柄、相性、価値観、趣味、体力、ファッション…の総合力で判断。社交的で面倒見もいい虎男には黙っていても人が集まるので、その中からじっくりと恋人を選びます。

①理想に向かって一緒に頑張ってくれる
②芯があってさわやかな
③絶対エッチの強い人

が、恋人に求める最低条件。相手が自分を尊敬し、味方でいてくれるなら、何倍もの愛情を返したいと思っています。通称、虎の倍返し。はっきりしないものは本来苦手ですが、恋愛に関しては懐が深く、多くの男性が逃げ腰になる「重めの恋」も、面倒な「揺らぐ恋」も受けとめる包容力があります。

虎男の愛情は誠実でディープですが、エキセントリックなところはないので、裏切られてもカッとなるのも一瞬。あっさりあきらめ深追いはしません。最もストーカーに遠いタイプ。やっぱり恋でも「安心と信頼」の男。

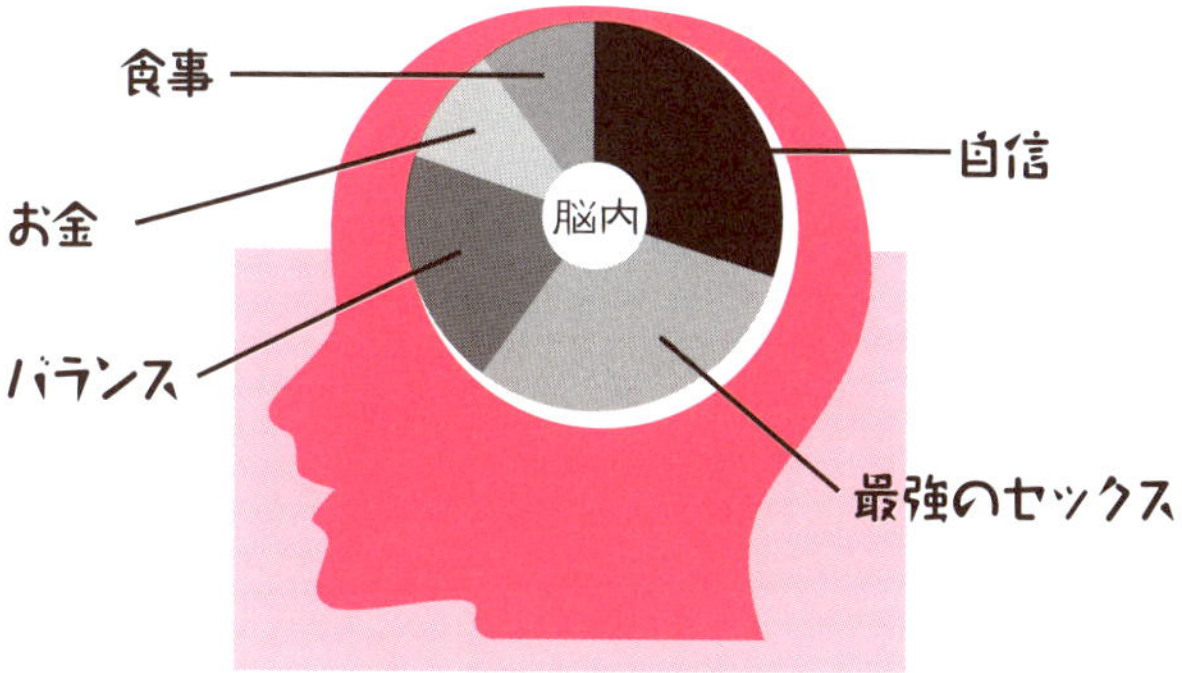

セックス

強く、濃く、徹底的！　12キャラ中最強の性の猛者

普段は温厚で、恋愛においても派手なアプローチもせず自分の出番をどっしり待つ虎男ですが、ひとたびエッチとなると、12キャラの中でも群を抜く精力絶倫ぶり。向上心、体力、精力、愛情、すべての点で「絶倫」という言葉にふさわしいのが虎男のエッチです。「彼女と3回エッチしたあとに、家に帰ってひとりエッチするのが虎男のスタンダード」と噂されるほどの性の猛者。

1回のプレイでもバリエーションに富んだ体位を自在に組み合わせ、とことん快楽を追求。彼女の喜ぶ姿を見るのが何よりの生きがいです。SM系もアブノーマルも望むところのバッチコイ！　態勢。

「自分が納得するまでやりぬく」

「中途半端は許さない」

という虎男の気概はベッドでも体現され、しばしば相手がついてこられないことも。虎男は好きな相手とじっくり深くエッチを楽しみたいので、相手が淡白だとかなりがっかりです。

1度好きになると恋人一筋ですが、彼女にエッチを拒否されれば、その性欲の強さゆえ、風俗のお世話や浮気もやむなし。

浮気

ありあまる性欲は外で発散

好きな体位

絶倫男なのですべての体位を実践

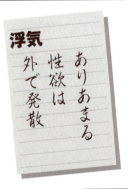

結婚

「よく稼ぎ、よく守り、よく愛す」理想の夫に

テリトリーをつくり、棲家を守ることに情熱をかけるのは虎の習性そのもの。虎男にとっても家庭は何より大切です。恋人選び同様、自分の描く「理想の結婚生活」に最も近い考えの女性を選びます。雰囲気や学歴、職歴、家柄などのバックボーンはまったくと言っていいほど関係ありません。結婚相手に望むものは「深い愛情」と「人柄」と少々の「堅実」さです。

結婚すると虎男の優しさはさらに深まり、得意の「愛の倍返し」は家庭にすべて注がれます。父性が強く、弱い人を守りたいという本質があるので、「家族はみんな自分にどんどん頼ってほしい」と心の底から思っています。

家庭内では強いリーダーシップで主導権を握りますが、決して専制的な亭主関白にはなりません。平等を意識した絶妙なバランス感覚で、互いを尊重しながら役割をフェアに決めていきます。

お金に対する才能があり、経済面では苦労しなくてよさそう。見栄も体裁もなく、ただシンプルにいい暮らしをしたいと思っているので懸命に働きます。理想の夫ナンバー1候補！　の呼び声高し。

仕事もHも
全力投球する。
手抜きは許さない！
つるの一声

虎男の愛し方（実践編）

虎を落とす3ステップ

ステップ1 真正面からきっぱり告白する

虎男はあれこれと押したところで、自分の好みじゃなければ決して落ちません。だからまずは一足飛びに告白してしまうのが正解。「好きです、つきあってください」と思いを告げるだけでなく、「1カ月間つきあってみない?」と、まずはお試しを提案。そんな小気味のいいもの言いは虎男好みです。しかも1カ月お試し後返品も可能ならYESも言いやすいはず。ここでNOなら、いくら攻めても望みはないのできっぱりあきらめて。

ステップ2 おごられてはいけない！

デートであろうとただの食事会であろうと、会計の際は自分のぶんはきっちり出すこと。お金を出す気はないくせに「ここは割り勘

プレゼント

カラフルな色のスニーカー、パーカー、ポスター、バッグ、インテリアグッズ、写真集。

殺し文句

「私のことは仕事の次に考えてくれればいいよ」

で…」とお財布に手をかけるフリは虎男には通じません。言葉と思いに嘘がないかしっかり見抜かれるので、「自分のぶんは自分で払います」と本気を見せて。1度本気を見せておけば、虎男は決してケチなタイプではないので、きっと次回からは気持ちよく大金を出してくれるはず。

「お金の使い方」であなたの「人柄」をチェックしているんです。「男なんだからおごって当然」の態度には猛然と反発します。

ステップ3 小さな「貸し」をつくる

親切にされたり、ものをもらったりするときっちりお返ししたくなるのが虎男の性分。それは堅苦しい礼節や常識ということではなく、単純に人の気持ちがうれしいから。

「ケーキは私のおごりだよ」とさりげなくおごったり、「残業お疲れ様」とひと言添えてチョコを差し入れたり、酔った彼をせっせと家まで送ったり、そんな小さな「貸し」にぐっときて、必ず情で応えようとするのが虎男。

そして、情がやがて愛に成長するのも虎男。

メール&LINEの傾向

表向きは「メールやLINEは仕事のツール」などと言っていますが、本当はかなりの愛好者。本音を粛々と書き連ねる、ちょっと重めの文章が特徴。スタンプ連打などの遊び心はありません。こちらも本音&長めで勝負。

※虎男の捨て方

虎男の別れに「自然消滅」という言葉はありません。「別れたい」と正直にきっぱりと気持ちを伝えること。誠意を尽くせばわかってくれます。

たぬき男の愛し方

基本性格

愛嬌と気配りのなごみの大人男

明るく温かい雰囲気の人格者。頼まれるとイヤと言えない八方美男で、全方位外交を得意としています。しかし、ただのお人好しではなく、豊かな知性と鋭い感性で人の本質を見抜き、やわらかい笑顔の下には譲れない矜持やこだわりを隠し持っています。本来、好き嫌いは激しい方ですが、相手に合わせ、自分を自在に変える（化ける）高いコミュニケーション能力も、たぬき男ならではの才覚。

人生はゆとりとユーモアが必要だと思っているので、日々の会話には笑いが満載。ボケもつっこみも両方こなし、愛嬌もたっぷり。ときに人のよさが裏目に出て、だまされることもありますが「ま、しょうがない。うらむだけ無駄」と、やり過ごせる人間力も魅力。高い精神性で、年を重ねるほどに人としての色気を発揮する人です。

キラーワード

「博識」「知的」「なごむ」

「癒される」「小粋」

NGワード

「早くして」「ちゃっちゃと！」

「いい加減だ」「口ばっかり」

「放っておいて」

恋愛

しっかり化けて、じっくり恋を進める

ちゃめっけたっぷりの天然ボケキャラで、女子にも人気のあるたぬき男。恋のチャンスは多い方ですが、奥手なので自分から積極的に誘ったり、ましてや口説いたりすることはできません。

じーっと、相手の出方を見て、出番を待つのがたぬき男スタイル。すべてにおいて急かされることが苦手で、ゆっくりと話し合いながら慎重に物事を進めていきます。恋愛もブレーキをかけながらアプローチし、少しずつ相手の心を開き、やっと自分の気持ちを伝えます。スロースターターですが、真面目で相手に対する思いやりの気持ちが強いので、1度成就した恋は長続きします。

恋愛に限らず、相手のキャラクターをよく読み、「変化した（化けた）」自分で接するのがたぬき男の習い性。誰にでも「いい顔」をしてしまうため、恋人にも本心をさらけ出すことができず、いつもどこか不完全燃焼気味。本気で恋にのめりこむことができない悩みも抱えています。

純愛体質なくせに、面倒見のよさが裏に出て、気がつけば不倫、二股の泥沼パターン…が、多いのも、実はたぬき男。

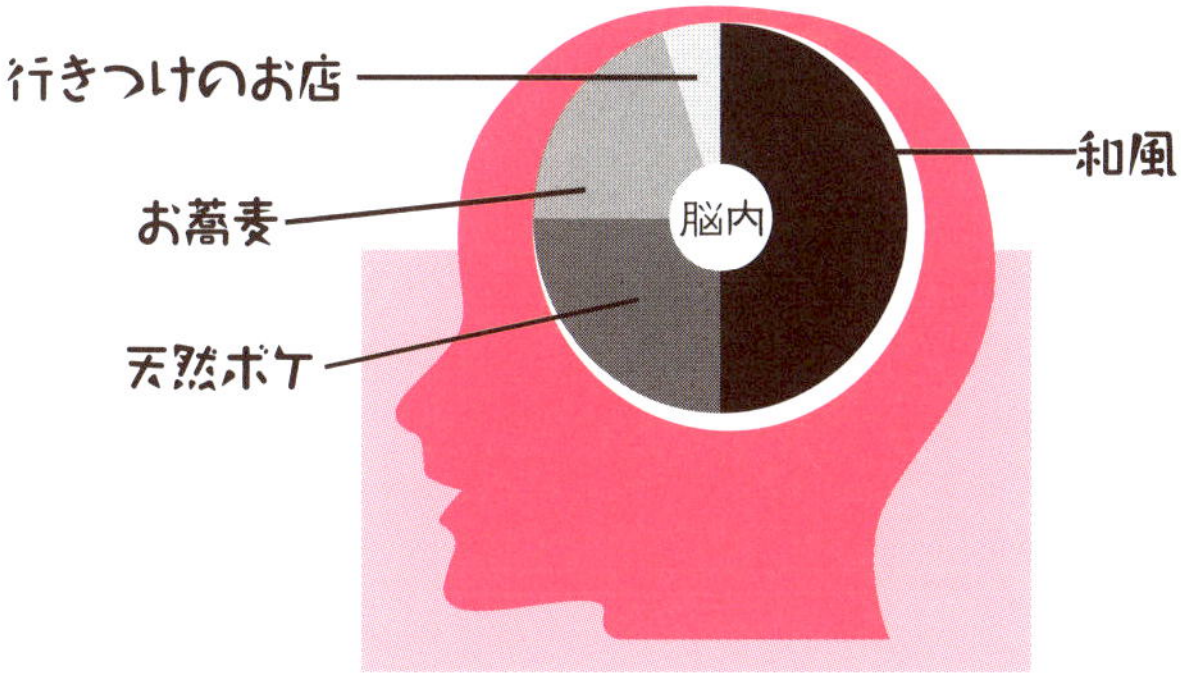

セックス

ポリシーは清く優しく気持ちいいエッチ

恋愛が始まれば優しくかまってほしいのがたぬき男の本音。意外にも「かまってくれないのなら、こちらもかまいません」というギブ&テイク型だったりします。当然エッチもできることなら、女子に全権をゆだねるマグロ希望。「年上の女性に優しくリードされたい」が、たぬき男の悲願です。

肉体より精神の満足が優先されるので、快楽追求、性欲発散だけのセックスにはあまり価値や意義を感じません。「気持ちのいいセックスは愛あってこそ」が、誠実なたぬき男の夜のモットー。

女性の持つやわらかさにエロスを感じるタイプなので、あられもない嬌態を見せられると萎縮し、フリーズしてしまうことも（たぬき寝入りという刹那の仮死状態）。変則的なプレイは好まず、前戯も体位も正攻法を好み、清く正しく美しい正統派セックスが持ち味です。

前半戦は燃えますが、集中力に欠けるきらいがあり、後半はなし崩し的にほのぼの終わることもあり。周期的に性欲がスパークするので、そんなときは相手に合わせて趣向を変え、変則プレイも若干ならOK。いざとなれば七変化できる器用さはたぬき最大の武器。

好きな体位

相手の顔を見ながらのピロートークで**正常位**

浮気

惚れられると断れずに不倫関係に

結婚

気立てのよさで妻を選ぶ、優しい亭主関白

常に結婚を前提に恋愛してきたたぬき男は、恋人も「妻としてふさわしいか」を意識して選んでいますが、さらに相手の素性をよく確かめてから結婚へ踏み切ります。

容姿よりも大事なのは育ちや気立てのよさ。華やかに遊んでいる美人よりも、地味でもきちんと仕事をこなす人に惹かれます。

結婚の決め手は「いたわりの心」がある人かどうか。常に人に気を配っているたぬき男は、優しく気を使われると深いところにホロリと染みます。「あなたのことが心配なの。だからあなたの世話を一生みさせて」と、優しさと世話好きをアピールする軽い押しかけ女房宣言は効果絶大（のはず）。

たぬき男が結婚相手に求めているのはごくごく普通の良妻賢母。特別何かに秀でていなくても、家事もそれなりに問題なくこなせていれば、それで十分だと思っています。

結婚に関しては昔ながらの日本男子で保守的な傾向がありますが、妻のいいところを見つけてはホメ、家族の喜ぶ顔を見て満ち足りるという超フェミニストがたぬき夫の本当の顔。

胸に顔を埋められると
たぬき男は
もうメロメロ！
つるの一声

たぬき男の愛し方（実践編）

たぬきを落とす3ステップ

ステップ1 すべてにおいてコンサバど真ん中

トラッドなたぬき男は、見た目も中身も正統派清楚女子に惹かれます。ファッションも周囲にウケのいいコンサバ系が好み。まずは外見から「淑女」路線で品よくアプローチ。着物は大好きなので、ここぞというときは「和服で勝負」もあり。

食事のマナーなど「お行儀」も気になるところで、箸の使い方、食べ方、姿勢などで「育ちのよさ」を本能的にチェックしているので注意が必要なところ。気さくで乗せ上手なたぬき男子との会話は楽しく弾みますが、調子に乗らず敬語も少々入れて（慇懃《いんぎん》すぎると逆効果）。たぬき男が見ているのは人としてのマナー。「清楚、柔和、ぽっちゃり」なら文句なし。たぬき男の好みはすべてにおいて「コンサバ」と心得ること。

プレゼント

老舗の銘品なら間違いなし。アンティーク雑貨、ビンテージワイン、古酒、扇子なども「おお！」と喜ぶ。

殺し文句

「あなたのことがいつも心配なの」

ステップ2 **彼のいきつけの店でかいがいしく世話をする**

食事の席では、「料理を上手に取りわけてくれる」、「グラスが空いたら何気なくビールをついでくれる」など、かいがいしく世話をしてくれる女性にコロリ。たぬき男に手酌させた段階でワンアウトです。ちなみにたぬき男は食事や買い物も顔なじみの店主がいるいきつけの店にいきたがるので、ゆめゆめ「え、またここのお蕎麦?」と不平不満を漏らさぬように。「いきつけのお店があるなんて、しぶいよね。さすが!」とホメるところ。

ステップ3 **たぬき男のうんちくを聞く**

趣味人のたぬき男は博識が多く、蓄えた見聞やうんちくを語りたくて常にうずうず。「この寺は浄土宗七大本山のひとつでね…」と、そのしぶめのうんちく語りが始まったら、しっかり耳を傾けること。「頭のいい人ってそれだけで尊敬するし、惚れちゃう」と、小さな告白を混ぜてホメることも忘れずに。聞き上手はたぬき男攻略必勝のカギです。

メール&LINEの傾向

無頓着だけど、送るのも受取るのも大好き。長文も苦にならないので、ディープな話から挨拶代わりのひと言までまめに送るのが必勝のカギ。ただ、うっかりがあるので、返信率は意外と低め。

※たぬき男の捨て方

ていねいに誠実に別れ話を切り出すこと。たぬき男はすぐに思いは断ち切れないタイプなので、急によそよそしくなるのは×。たぬき男のプライドを守るためにも恋人から友人に戻る感じでフェードアウトして。

子守熊男の愛し方

基本性格

転んでもただでは起きないロマンチスト

楽天的な社交家で、大きな希望に向かってコツコツ努力するロマンチスト。人を楽しませることが大好きな子守熊男はどこにいっても人気者で、ウケを取るために得意の下ネタ（と毒舌）を連発。飲み会やカラオケにいくと、圧倒的な存在感を発揮します。

温厚そうに見えますが本来は感情の起伏も激しく、神経質でなかなか人を信じない慎重さがあります。競争意識も強く、屈託のない笑顔で油断させておいて、ラスト出し抜き勝利を収めるというのが子守熊男の必勝パターン。それはポジティブな長期展望型の「転んでもただで起きない」タフと楽観の賜物。最後に笑うのはこの男。

エネルギッシュに動きますが、ぼーっとくつろぐ時間がないと強いストレスを感じます。ぼんやり時間でエネルギーをチャージ。

キラーワード

「ロマンチックだね」

「話が面白い」「才能があるね」

「人気があるよ」

NGワード

「もしかしてケチ？」

「夢見がちな人」「嘘っぽいよ」

「ゴロゴロしてないで」

恋愛

本命は5回目のデートで初めて口説く

本気と遊びをきっちり使いわけるのが子守熊男の恋。遊び相手に対しては出会った日から猛然と（でも軽めの）アタックを繰り出しますが、結婚を意識した本命には「5回目のデートにして初めて口説く」のが流儀。慎重に綿密に事を進めます。

普段はあまり積極的には見えない子守熊男ですが、恋愛となると、祭りか火事か！　くらいにがぜん張り切ります。サービス精神が旺盛なので、いつも下ネタばかり飛ばしていますが、内心は臆病なので口ほどでもありません。「口だけ絶倫」男です。

そんな子守熊男が恋に求めるものは「切り返し抜群の楽しい会話」。レスの速さ、ノリのよさ、言葉選び、笑いのタイミングを逃がさずキャッチし返してくれるか、本気で笑っているか…会話を通じて「賢く楽しい女性」なのかを見ています。

「ちょっと生意気」「物怖じしない」「ギャグや毒舌のセンスがある」そんなところにピン！　とかきゅん！　とくるマニアックな子守熊男。下ネタから将来の夢まで語り合うのが、子守熊男の恋の始まり。ノリは軽くても、ただのミーハー男とは違うという自負があります。

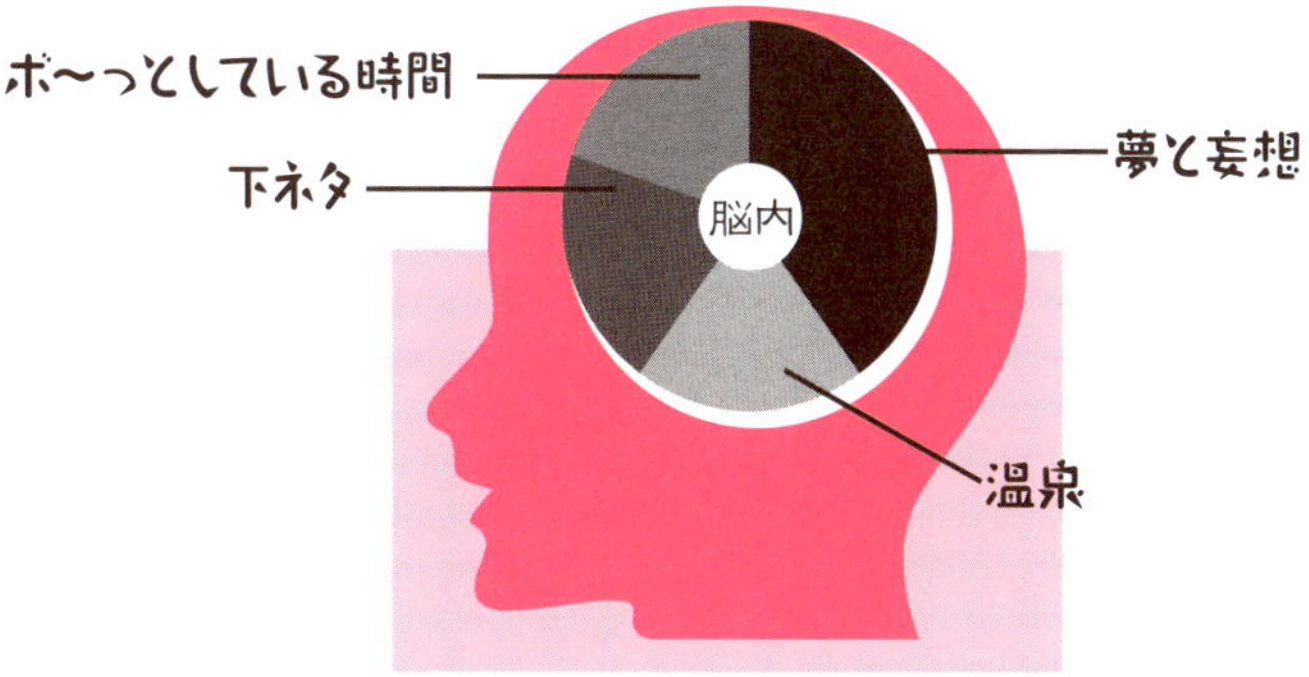

セックス

1回のエッチで灰になる

気持ちいいこと大好きな無類のセックス好き。エッチに関しても、「備えあれば憂いなし」「負ける勝負はしない」の、子守熊男らしいモットーよろしく用意周到。毎回、創意工夫をこらしたプレイメニューを用意しています。

快楽追求奉仕型で、腕に覚えがあり！と自負していますが、受身も好き。女性から誘われるシチュエーションはさらに好き。実は「もっと尽くしてよ」が本音のマグロ系の一面も…。エッチにおいては他力本願な悦楽を求める傾向があります。

性欲、好色、快感度は高いものの、スタミナ不足は否めないのが子守熊男。精力、持続力は強い方ではないので、前戯に時間をかけ1回のエッチに全エネルギーを燃やす、一発入魂型。1回で灰になる男。スタミナ不足をテクニックとムードで補おうとしているので、女性側の反応は小気味よく、即レスで。耳元で愛と満足をささやけば万全。ややアブノーマルな性癖があり、お尻関係に興味がある人も多いとか。

浮気

小さな浮気や風俗通いは数知れず

好きな体位

お尻の穴を攻めまくり
後背位からのアナル

結婚

安寧と夢のふたつを追いかけて日々奮闘

家庭を持つと人が変わったように、しっかりとした大人の男になる人がいるけれど、子守熊男がまさにそれ。恋愛は火遊びのようにとことん楽しみますが、結婚には磐石な安定を求めます。

子守熊男の人生とは、つきつめれば「安心したいために冒険を繰り返し」、「安定した愛情を得るためにたくさん恋をして」日々奮闘しているようなもの。だからこそゴールのひとつである家庭は絶対な安全圏にしたいと願っています。この先、大きな夢を追いかけるためにもしっかりした足元が必要なのです。

子守熊男は経済観念が発達していて、数字にも強く財テクは得意。趣味には惜しみなくお金を使いますが、基本超倹約家。将来の夢を見据えて努力できるので、マイホームも若いうちに手に入れます。

かなりの子煩悩なので、家事も育児も「手伝う」「協力的」レベルではなく、夫婦できっちり分担し、必要とあらば主夫にもなれる愛情と才能の持ち主。最優秀イクメンは間違いなし。

結婚後は家庭を壊すような派手な浮気はしませんが、根がスケベなのでアダルトなお店通いはやめられません。

耳元でHなセリフを
言われると
興奮MAX!
つるの一声

子守熊男の愛し方（実践編）

子守熊を落とす3ステップ

ステップ1 ふいに耳元でささやく

子守熊男はヒステリックな声で何か言われたり、大声で怒られたりすると軽いショック状態になるほどの「怒号過敏症」。盛り上がっているお酒の席でも、「叫ぶ」「わめく」は絶対NGです。

逆にときどき、内緒話のように子守熊男の耳元でささやくのが第一次接近遭遇の際の攻略ポイント。「これ、おいしいね」「今日の服、いいじゃん」…と、何も内緒でささやくことはないような内容でも、1度か2度はささやいてみて。耳元から入ってくる声色とくすぐったい感触は、確実に子守熊男をドキリとさせます。

ステップ2 会話に下ネタを爽やかに放り込む

子守熊男にとって下ネタは挨拶のようなもの。お酒の席のみなら

プレゼント
石鹸、入浴剤、
シャンプー、
ボディローションなどの
バス関連グッズとアロマ。
サプリメントも◎

殺し文句
「あなたの
夢についていくわ」

ず、ちょっと気心が知れたら、ちょいちょいと放り込んできます。お高くとまったタイプの女性が最も苦手なので、ここはひかず、あきれず、嫌がらずに、子守熊男が繰り出す下ネタには下ネタで返すこと。さわやかな笑顔で湿度、粘度は低め、明度は高めが基本です。エログロ度は控えめ、オゲレツにならない程度にとどめて。子守熊男に「なかなか言うねえ」と思われたら、好機到来。恋のチャンスは一気に広がります。

ステップ 3
「温泉」に誘って、妄想スイッチを入れる。

子守熊男との会話の中で、ふいに思いついたように「温泉いいよね。いこうよ」と言ってみて。大の温泉好きに加えて、イマジネーション豊かな子守熊男は「それって…どういうこと」と妄想スイッチが入り、もう平静ではいられなくなります。「それってふたりきりってこと？　いやいや、みんなでだよね。日帰り？　もしかして1泊ってか？　え、エッチOKってこと？……」と、妄想がぐるぐるぐるぐる。性を意識させると、恋の相手として急浮上するはず。「温泉」は、友だち関係の終わりの始まり。

メール&LINEの傾向

好きだしまめ。用件がなくても連絡があると安心するタイプなので、LINEやメールはご機嫌うかがいも含め頻繁に送るべし。文章は短め、スタンプや絵文字は多め、レスは早めで。

※子守熊男の捨て方

3回に1回は誘いを断り、LINEやメールのレスも3回に1回はスルーしてみる。じわりじわりと距離をあけ、これといった別れ話もないままに「自然消滅」が理想のパターン。

ゾウ男の愛し方

基本性格

不言実行の不屈のチャレンジャー

ゾウ男というのは「仕事が生活のすべて」となる人が多い。なぜなら自分が懸命に努力したことは裏切らないと信じ、「自分の力のすべてを尽くす」のが生きがいの男たちだから。不器用なので上手にアピールはできませんが、黙々と頑張る姿を周囲には知っていてほしいと思っています。

怠けることや休むこと、待つことは生理的に嫌いなので、仕事も趣味も遊びも恋愛も、ゾウ男の人生に一切手抜きはなし。

穏やかな風貌は、大らかさを感じさせますが、本当は気が小さい、なかなかの心配性。味方の面倒はよく見ますが、敵と認知した相手とは徹底的に戦います。逆境に強く、ピンチになればなるほどモチベーションが上がる、不《ふ》撓《とう》不《ふ》屈《くつ》型（ひとりＳＭ型ともいう）。

キラーワード

「圧倒的」
「スケールが違うね」
「尊敬してる」

NGワード

「ちょっと待ってて」
「微妙だな」
「計画どおりに行動して」

恋愛

がむしゃらな押しの一手が唯一無二のテクニック

ゾウ男は口下手なので、言葉ではなく感覚でコミュニケーションをとろうとします。それは恋愛においても同じで、空気、雰囲気、声色、振舞いから真意を汲み取ろうとします。それだけに相手の「何気ない言動」に左右されがち。作為的なことには無頓着ですが「ささいなこと」ほど気になるタイプ。

そんな繊細さを持ちながら、恋のやり方はとことん正攻法な全力パワー型。「愛情表現も不器用」で「かけひきは苦手」、「策を練るのは面倒くさい」というゾウ男は、持ち前の強い押しこそがテクニックのすべてです。

本来は真面目で慎重なゾウ男ですが「この人」と思い込んだら、一途に思いつめ、猛烈なアタックで相手をくどきます。アドレス交換後、後日改めて連絡、ご相談の上会いましょう…なんて、まどろっこしいことはできません。ゾウ男に「待つ」「待て」は不可。

身内＝味方である恋人には誠実に尽くし、いつも自分のそばにいて同じように尽くしてほしいと思っています。ちなみに、関係を持った相手には急に優しくなるので周囲に大変ばれやすいのがゾウ男。

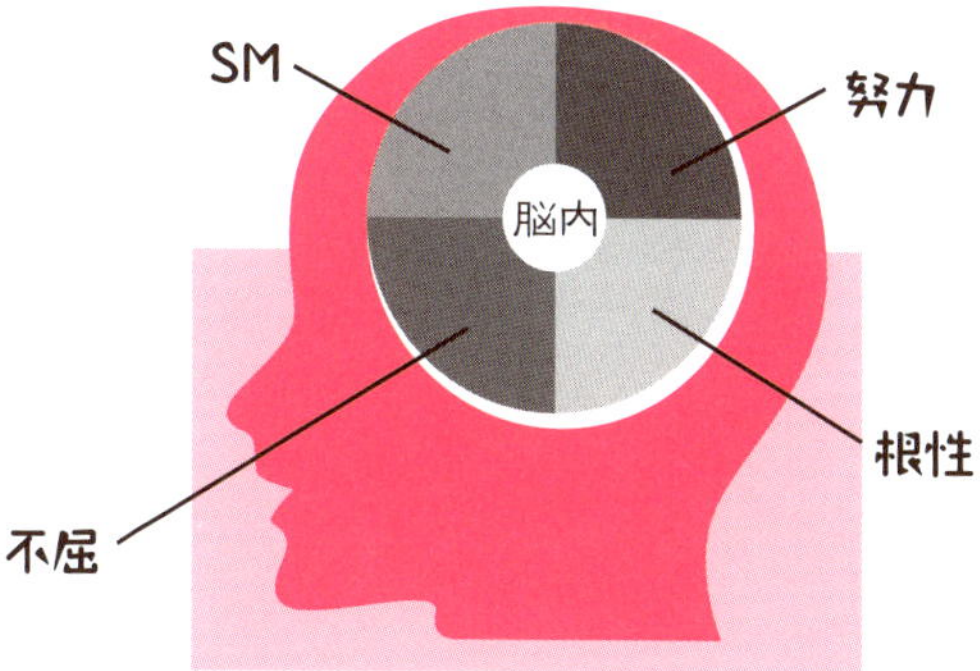

セックス
徹夜も辞さないタフ&ハードなエッチ

昼はジェントルマンなゾウ男の心の奥に渦巻いているものは「力ずくで彼女を押し倒したい」という、Sっぽい欲望。

セックスでは日ごろ抑えつけている理性や忍耐のタガがはずれるのか、相手には極端な奉仕を望むことがあります。

またSっ気が強く、最初は慎重でも次第に「彼女が嫌がっている顔がみたい」とアブノーマルなプレイにも前向きに貪欲にトライ。「刹那の快感」を求め、勢いあまってややバイオレンスな行為に走る傾向も見られます。

1度性欲に火がつくと暴走がとまらず、長くてしつこい自分ペースなセックスを展開。スタミナは抜群な上に「今日やれることは今日中にやる」というゾウ男のモットーもあり、たとえ徹夜になろうと「やりたいことはやる」性の鉄人です。でもここがゾウ男の自慢ポイントなので、スルーや批判はせず「強いね、タフだね」と終了後にホメること。行為中は集中しているので、無念無想で無言です。

性欲=征服欲なので、燃えるようなエッチを好み、自分の気持ちが満たされたとき、初めてゾウ男はエクスタシーを感じます。

浮気

ハプニングバーで
出会ったら
即セックス

好きな体位

縛ったり、ムチやバイブが大好きな
アブノーマル系

結婚　ええかっこしいの関白亭主に変身

世間体や周囲の評価が気になるゾウ男は、結婚相手の出身校や経歴などの「ブランド」にこだわる傾向がややあります。「どこに出しても恥ずかしくない女性」が妻の理想なので、必然ハードルは高め。

味方である身内への愛情は深く濃く、全力で家族を守る頼りがいのある夫になります。が、そのぶん亭主関白にもなるのがゾウ夫。

気が小さいので、妻のこと、家のことすべてを把握し、指導権を握っておきたいのです。

ゾウ男はとにかく外面がよく、夜中に同僚や後輩を連れてきて、「今から俺の家で飲みなおそう」的なわかりやすい見栄（ええかっこ）を張るのがこのタイプ。妻はゾウ夫の見栄に振りまわされて大変ですが、この外面のよさと根性で出世街道をかけ上がります。

見た目も茫洋としていて、実際なかなか怒らないゾウ男ですが、1度キレたら誰にもとめられません。怒ったときはジ・エンド…。

物欲はあまりありませんが、豪快に家を買ったと思うと、100円ショップでちんまり買い物を楽しむ、スケールの大きさとおちゃめな金銭感覚を併せ持っています。

「私を縛って!」の
大胆発言で
ゾウ男、着火!
つるの一声

ゾウ男の愛し方（実践編）

ゾウを落とす3ステップ

ステップ1 **脱毛は徹底的に**

「毛」にはちょっとうるさいゾウ男。12キャラで唯一「毛がないケモノ」のゾウだからなのか、ムダ毛を嫌います。美意識が高く、脱毛処理やエステ通いする男性に、ゾウ男が多いのは事実。腕や脚や顔はもちろん、指や耳などの細部も抜かりなく見ているので、渾身の脱毛つるつる肌でデートに臨みたいところ。

またゾウ男のケアの行き届いた肌や髪の毛に気づくのは思いのほか効果的なので「きれいな指ですね」など細部にこだわってホメること。ゾウ男は関係が深まらないと本質的なことは出さないので、性格をホメてもそれほど響きません。

ステップ2 **空気（ムード）で愛を語る**

プレゼント

入手困難な洋酒、
ハイブランドの名刺入れ、
一流ホテルで
使われているリネン類、
ブランド品。特に
ハンティングワールド。

殺し文句

「あなたは
きっと大物に
なるよ」

ゾウ男は人の真意を言葉ではなく空気で察知しようとするので、雰囲気には人一倍敏感です。ならば雰囲気づくりが肝心。最上階のホテルのバーで夜景を見ながら飲む…なんてお決まりの場（空気）を提供すれば気分は上々。

ロマンチックな雰囲気を演出すれば、ロマンチックが伝わり、エロな雰囲気を醸し出せばエロが伝わります。会話の際は、からだをきちんと相手に向けて話すこと。「私の気持ちはあなたに向かっています」という思いが伝わります。

ステップ3　大事なことは小さな声でささやく

大きな声で話す言葉は伝わりやすいものですが、ゾウ男には逆効果。よく聞こえる大きな耳は、本当は小さな声しか拾いません。あからさまなホメ言葉やお世辞より、耳を澄まさないと聞こえない噂や陰口の方が聞こえるタイプ。

だから、「好き」とか「恋人になりたい」とか、伝えたい思いは小さな声でささやくこと。「え？　何て言ったの」ぐらいでＯＫ。大丈夫、ちゃんと聞こえてますから。

メール&LINEの傾向

メールやLINEは打つのが面倒くさいので、自分から送ることはあまりありませんが、心配性なので受信は常にチェック。ゾウ男の長文は本気度が高いので、スタンプ無用で誠意を持って対応すること。

※ゾウ男の捨て方

多少の修羅場は覚悟の上、きちんと話し合いの場を持って、冷静に端的に別れを宣言しましょう。ねちねちと長い言い訳はゾウ男をキレさせるだけ。後日、連絡があっても心を鬼にして一切フォローしないことがポイント。

ひつじ男の愛し方

基本性格　**みんな仲良く！　がモットーの悩めるお人好し**

寂しがり屋でひとりぼっちを嫌うひつじ男は、何よりも「人の和」を考えて行動します。まろやかなオーラと優しい人柄で誰からも好感を持たれるタイプですが、内心は好き嫌いが激しく、気に入らない相手には子どもっぽいくらい意固地になりがち。

強いリーダーシップはありませんが、人情に厚く、世話好きで、気配り&目配り力でふわりと場をまとめるのがひつじ男の本懐。

ひつじ男のもこもこのウールは人を優しく包みますが、自分の心もすっぽり包んでしまい、自分でも本音がわからなくなることもよくあること。「そんな自分って面倒くさいな…」「誰かわかってよ」とグチとぼやきがとまりません。ひつじ男はいくつになっても、心優しい「迷える子羊」なのです。

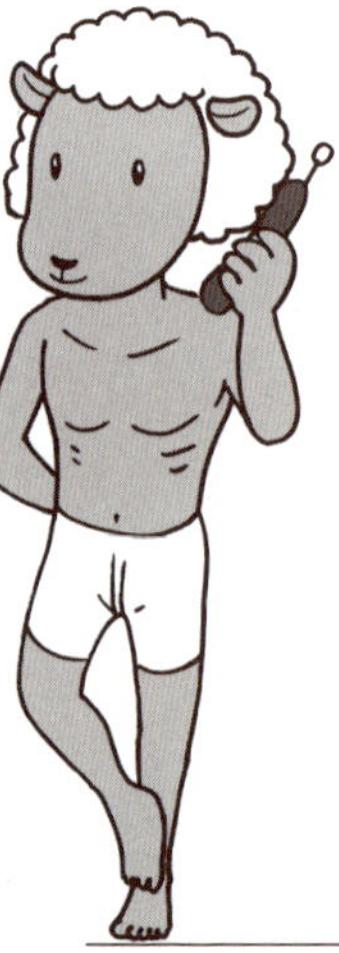

キラーワード
「いい人だね」「安心する」
「信頼できるな」
「みんな仲良くしよう」

NGワード
「関係ないよ」「しつこいな」
「よけいなお世話」
「何度も電話しないで」

恋愛

意外とかけひき上手なふわもこ策士

ひつじ男の恋愛は人柄同様に穏やかでまろやか。どこか受身で本音を言えば「追うより追われたい」と思っているので、自分からのアプローチは慎重かつソフトで弱めです。

気になる人を見つけたら、
①相手にふわりと近づいていつもニコニコ。人畜無害をアピール。
②色恋抜きの話をいっぱいする。
③知人から友人になったことを確認後、弱音やグチを吐いてみる。
④「グチを聞いてくれるいい人」であることがわかったら、思いきりなつき、「自分への好意」が確認されたら、もこもこ（愛情）で相手の心もからだも全力で温める…。

というのがひつじ男独特の「低リスク低リターン」アプローチ。

異性の友人が多いので、恋愛の好機は数多く転がっているものの、社内恋愛など、頻繁に顔を合わす手ごろな女性と恋に落ちることが多い。また、彼氏持ちなどの難あり女子と知りつつも、押されて恋人関係に…のパターンも、お人好しなひつじ男の恋にはよくあることです。

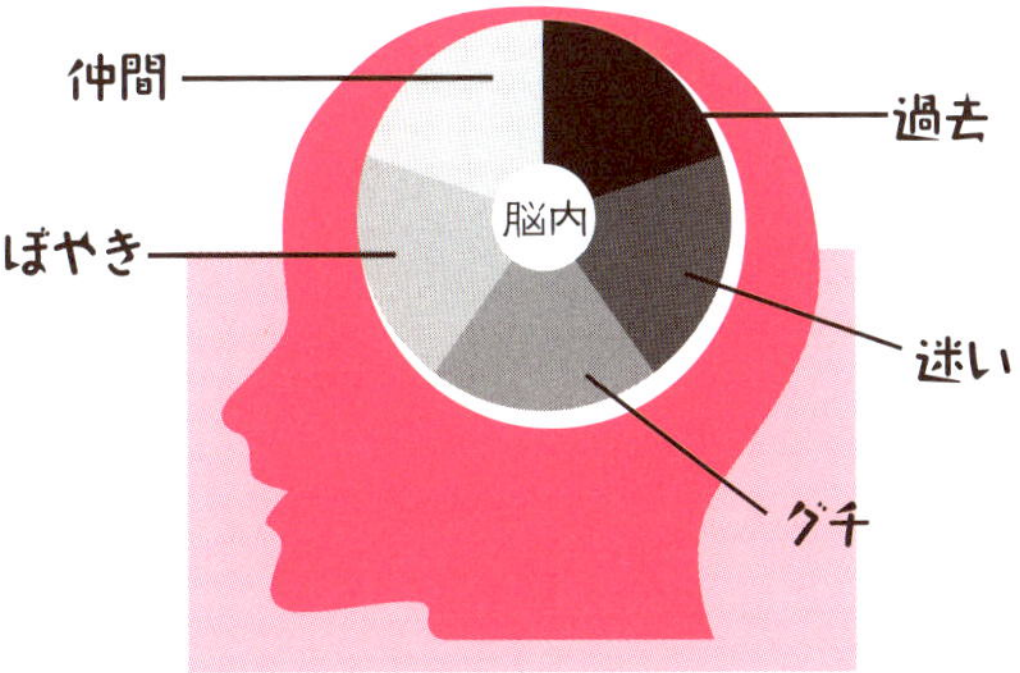

セックス
エッチは自分ではない自分になるための時間

「世のため人のため」が座右の銘のひつじは、セックスも博愛主義。愛の守備範囲はどこまでも広く、同性であっても愛情を感じることがあり、潜在的にも顕在的にもバイセクシャルが多いと言われています。セックスも「まろやか」「フレンドリー」が身上で、キスやスキンシップでムードをつくるプロセスを楽しみます。

肉弾戦のような激しいエッチは苦手で、ギラギラと派手なホテルより、自分や彼女の部屋など、落ち着けるところでの、しっぽりエッチを好みます。なかなかの持続力とそれなりのテクニックを持ってはいるものの、ワンパターンにはまりやすいのが惜しいところ。

エッチ自体はシンプル保守ですが、自分ではない自分になれる「変身願望」が強く、コスプレで萌える性癖があります。アブノーマル度はやや高めですが、相手が嫌がるようなことは、プレイの一環といえど強要することはありません。

本来、脳内でエッチするタイプなので、リアルな行為中もどこか冷めたところがあり、「ひとりでする方が好き」というのも、なかなか言えないひつじ男の本音。

浮気

誘われると
断れない
優柔不断の浮気

好きな体位

耳元で愛をささやき、
相手の反応を見つつ正常位

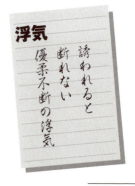

結婚

家内安全、良夫優父…だけどレスは確実

ひつじ男は仲間の中から気軽に遊べる相手をキープしつつ、慎重に自分に合った結婚相手が現れるのを待ちます。華やかさより、地味でも堅実さを求めるのが倖せの近道であることは重々承知。

結婚後は平和で穏やかな家庭を築き、よきパパになろう、よき夫であろうと努めます。「夫婦は生涯添い遂げてこそ」と、思っているので、別居や離婚率もぐっと低め。

仲間意識身内意識が強いので、結婚後は妻に異性を感じることはなく、子どもができたら夫婦間のセックスは波がひくようにフェードアウト。レス率はぐっと高め。

ひつじ男は家庭第一主義なので、自ら進んで浮気をすることはしませんが、なぜか男女間の小さな波乱やトラブルに巻き込まれやすい、好事魔案外多しの人生。寂しいと魔がさしてしまうのは結婚後も変わりません。

出世願望はあまりありませんが、コツコツと努力し、ライバルが出世レースからひとり抜けふたり抜け…気がついたらいいポジションにいるという無事これ名馬タイプ。

腕も脚も絡めての
耳元トークで
あなたのもの！
つるの一声

ひつじ男の愛し方（実践編）

ひつじを落とす3ステップ

ステップ1 グループ交際から始めよう

「みんな」「一緒」のフレーズに安心感を覚えるひつじ男には、1対1の個人戦より、「仲間」になってしまうことが得策。まずは友だちグループの一員にまぎれこみ（これは簡単。群れで動くので）、何人もいる女友だちからスタート。

「みんなで映画」「みんなでランチ」「みんなでプール」と、頻繁に誘って集まり、ただの女友だちから「仲のいい女友だち」をじわじわと目指すべし。通常はあまりうまみが感じられない「グループ交際」ですが、ひつじ男獲得には確実な第一歩になります。

ステップ2 グチを聞いてあげる

ひつじ男が仲間意識を持ち、心を開き始めるととたんにグチやぼ

プレゼント

ダイアリー、
パワーストーン、
誕生年生産のワイン、
旅先からの絵葉書。

殺し文句

「あなたって本当にいい人ね！」

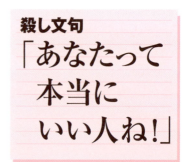

やきが多くなります。グチられたら「一歩前進！」と、喜んで、最後まで聞いてあげること。適度な相槌と「それはひどいね」「大変だったね」などの短めの合いの手もきっちり入れて。

そして最後にこちらから小さな相談事をひとつ。「みんなには内緒ね。あなただから言えることだから」のひと言を添えて、終了。これでひつじ男の心は揺れ始めます。

ステップ3 「惚れられると惚れる」習性を利用する

自分を好きになってくれる人を好きになるのがひつじ男の習性。親切にされたり優しくされると、それだけで好意以上の気持ちを抱きやすくなるので、「彼の話を楽しそうに聞く」「連絡をまめにとる」「気がつくと彼のそばにいるようにする」…と、とにかく、しつかりなついて「好意」を示すこと。ひつじ男は上から目線の挑発行為には怖くて乗れないので、派手な振舞いやセクシーなオーラには反応しません。

ダメ押しで、友人から「○子、あなたのこと好きみたいよ」と、何気なく彼の耳に入れてもらえば、ひつじ男の心は完全掌握。

メール&LINEの傾向

チェックもまめで返信率はほぼ100%。LINEもメールも長文のほとんどはグチ&ぼやき系、短文は連絡事項と意識なく使いわけている。ひと言だけ、スタンプだけでは寂しいので、ちょい長め、重め、甘めで。

※ひつじ男の捨て方

できるだけ柔和に傷つけない言葉を選んで別れを告げる。別れ話の前に会話の量を減らし、距離をとるなどの伏線をはっておくこと。空気をよく読むひつじ男は「やっぱり…」と納得しやすい。

ペガサス男の愛し方

基本性格

温和な自由人が信じるものは自分のカンだけ

12キャラの中で唯一架空の動物であるペガサス男。羽の生えた馬ですから、心もからだも1カ所に留まっていることはできません。頭の中も常に高速回転で、思考が入り乱れているので、人と会話をしていてもほかのことを考えていたりします。

直感と感性だけを頼りに生きているので、言動のすべてがそのときの気分次第。常識や形式を求められると、とまどってしまいます。

一見、とらえどころのない変わった人という印象を与えますが、素顔は人なつっこくたわいもないことで泣き笑いする感情豊かな善人。オーバーなリアクションは神経質な本心を悟られたくないため。

洗練された社交家で、人の本質は鋭く見抜きますが、自分のことはぜんぜんわからないという葛藤を抱えています。

キラーワード

「自由」「異才」「奔放」
「ドラマチック」
「エモーショナル」

NGワード

「言うことをコロコロ変えないで」
「けっこう神経質？」
「常識的に行動して」

恋愛

刺激と変化を求めて、次から次に恋をする

人なつっこいのに警戒心が強く、寂しがり屋なのに束縛には耐えられない、アンビバレントなペガサス男の恋は「直感」と雰囲気がすべて。「僕の成分の半分は恋でできている…」と本気でつぶやく、生粋のプレイボーイです。恋愛至上主義で世間のルールや常識は軽くスルー。たとえば…、

・恋人はひとりきりとは限らない
・連絡しなくても愛してる
・3秒で好きになって、1分で恋して、1時間後にエッチもあり
・不倫も二股の片思いも全部純愛とカウント
・居酒屋では萎えるけど、雰囲気のいいホテルのバーならたぎる

と、ペガサス男の恋のルールはどこまでも破天荒でわがまま（だけどそこが魅力でもある）。

「平たい顔のフランス人」だと思ってつきあうと、なんだかいろんなことに合点がいってうまく運びます。その覚悟と理解があれば、会話のセンスもファッションセンスもよく、何よりペガサス男とのデートはアトラクションのようでわくわく刺激的です。

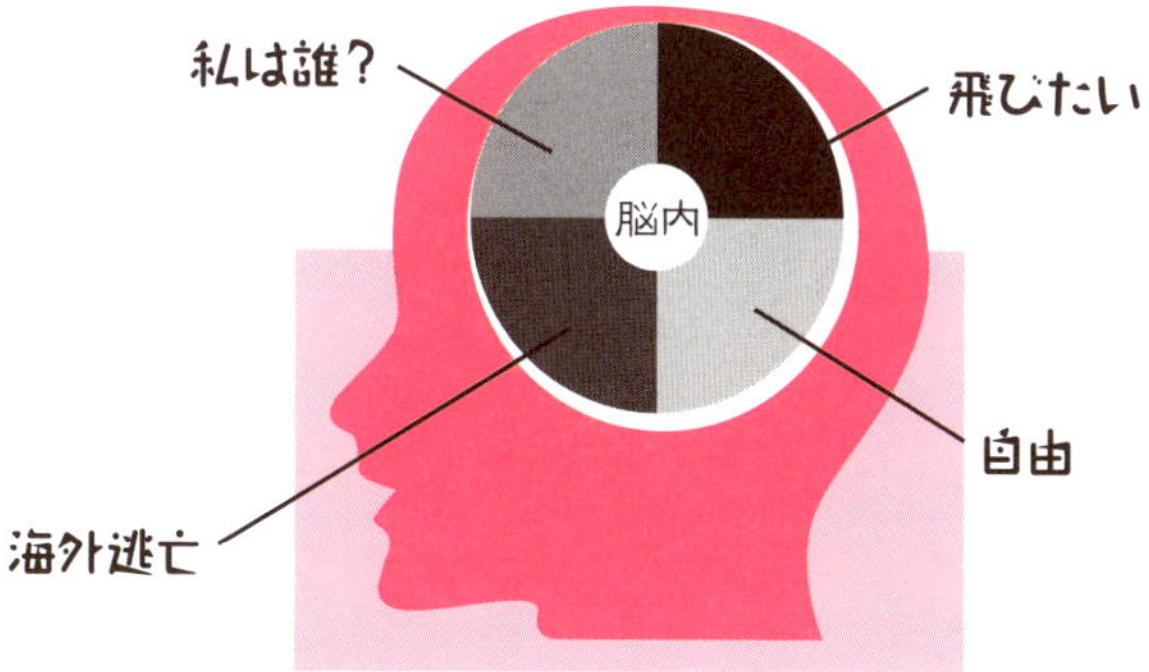

セックス

気分とムード次第で淡白〜絶倫まで

ペガサス男にとって、セックスは究極の愛のコミュニケーションであり、魂の交歓。ムードづくりに抜かりはなく、おしゃれな音楽やときにアロマなど用意して、ロマンチックに演出します。

しかし、気ままな感情同様、セックスにも波があるのがペガサス男。ハードコアから純愛まで何が出てくるか…その日の夜にならないと(場合によってはベッドに入ってみないと)本人もわかりません。

プレイは基本淡白。特に正常位での持続力は「どうした?」と声をかけたくなるほど。

「場所」に影響を受けやすいペガサス男は豪華な装飾の一流ホテルや屋外でのスリリングな設定では激しく燃えますが、しっぽり系の安っぽいラブホテルや見慣れた自宅では盛り上がれず、早々に鎮火。場所に限らず、同じやり方、同じ体位、同じ相手では完全燃焼はできません。

一方で、ペガサス男の性欲を支配する「ムードと気分とタイミング」の3つがピタリとそろえば、突如、絶倫に変身。虎男やライオン男、ゾウ男レベルの濃密ロングランセックスもありえます。

浮気

金髪女にはメロメロ
その日の気分で

好きな体位

お尻をたたきながら、
やっぱりバック!

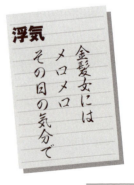

結婚

感性の一致と自由の保障が絶対条件

自由に生きたいペガサス男にとって、束縛必至の結婚にはあまり興味はありません。結婚しても「必要なときだけ一緒にいることはできないものか」と本気で考えています。自分の理想や夢を求めて羽ばたくことはできますが、家族や責任や世間体や男の甲斐性と言われるものを守るために、その羽は使えないのです。

そんな自分なりの美学や理想を持っているペガサス男の結婚の条件はただひとつ「感性が合うか合わないか」だけ。

妥協もかけひきもできないので、晩婚が多く、50歳を過ぎてから若い女性と唐突に結婚するパターンもよくあること。その一方で寂しいから結婚して、やっぱり苦しくなって離婚して、また寂しくなって…を繰り返す人も多く、実際、ペガサス男（女も）の再婚率は高く、彼らにとって「バツ」は勲章のようなもの。バツ2ぐらいまでは「普通でしょ」が、ペガサスクォリティ。

毎日同じことの繰り返しには耐えられないので、会う相手もやることも日々変化するような仕事で本領発揮。自由の対価はお金だとわかっているので、お金をむやみには追い求めません。

ドラマチックな
Hなら、どんな場所でも
ハッスル！
つるの一声

ペガサス男の愛し方（実践編）

ペガサスを落とす3ステップ

ステップ1 光って盛って目立つ

物理的にも心理的にも「キラキラとまばゆい」ものに目がいくペガサス男。ならば「まばゆい」ファッションで目立ってしまうこと。お手本はハリウッド女優やセレブたちです。服は彩度の高い原色が基本で、サングラス、イヤリング、ブレスレットなどのアクセサリー系はすべて大ぶり&ブリリアント&デコラティブで。

ヘアも「ゆるふわ」ではなく、ぐるぐる巻いて、もりもり盛る。ペガサス男には「ｔｏｏ ｍｕｃｈ」で、ちょうどいい。大きな花束やおしゃれな画集を持って歩くなども効果的。「誰、この子?」とペガサス男の視線に入り、直感が動けば恋は始まったも同然です。

ステップ2 「今日あいてる?」と突然誘う

プレゼント

王室御用達のフレグランス、シャンパン、クリスタル製品、夢のあるおもちゃ。
（キラキラとしたアンチ実用品）

殺し文句

「天才!
困ったことがあったら
言ってね」

ペガサス男子は「突然、何かが起こる」ことに無類の喜びとときめきを感じるので、遊びに誘うときは「突然」か「ふいに思い立って」がいいんです。もちろん断られることも多いだろうけど「じゃ、来週は?」は×。そこはあっさり、「じゃまた誘うね」とひくのが鉄則。当然、向こうからのお誘いも「突然」なので、いつでも応じられるように柔軟なスケジュール管理が必要です。

ペガサス男は「会いたいと思ったときに会えた人」に、ちょっとした運命を感じたりするので、チャンスは逃さないように。

ステップ3 予定を聞かない、約束しない

1週間先に予定が入っているだけで気が重くなるペガサス男には、次に会う約束は憂鬱だし、予定を細かく聞かれることは苦役。「この子といるとなんか息苦しいかも…」と、うっすらとでも「束縛」の2文字を感じさせたら、そこで試合終了。「連絡して」「待ってる」「いつ会える?」などの何気ない言葉も、ときと場合によっては致命傷になるので、LINEやメールなど文字として残る会話はさらに注意が必要。

メール&LINEの傾向

ビジネスではしっかり対応しますが、プライベートでは気分次第。突然大量送信してきたかと思うと、翌日からプッツリ。返信は期待せず、ペガサス男の出方に合わせて。内容は甘め、軽めが無難。

※ペガサス男の捨て方

「別れも出会いもドラマチック」希望のペガサス男。「ごめんなさい! ほかの人を愛してしまったの」とか「来世でまた愛し合おう」とスケールの大きい(しかも具体的ではない)理由で別離を告知すること。

気になる彼の"エッチの傾向"ランキングBest 3

知っておいて損はなし！隠された願望と本音が見えてくる！

本当はエッチが好きでたまらない
1位　ひつじ
2位　こじか
3位　狼

ベッドでは暴れん坊
1位　虎
2位　ゾウ
3位　黒ひょう

本当は浮気症
1位　チータ
2位　ひつじ・黒ひょう
4位　虎

ドラマティックなエッチがしたい
1位　ペガサス
2位　ライオン
3位　こじか

ベッドでの主導権は絶対に渡さない
1位　ライオン
2位　虎
3位　黒ひょう

実は見た目よりウブ男
1位　ペガサス
2位　ライオン
3位　子守熊

実はかなりのテクニシャン
1位　子守熊
2位　狼
3位　猿

ストーカーになりがち体質
1位　チータ
2位　ゾウ
3位　ひつじ

エッチにこだわりがある、くせ者
1位　たぬき
2位　ひつじ
3位　子守熊

実はセックスレスになりやすい
1位　こじか
2位　ペガサス
3位　子守熊

エッチの時間が長いんです
1位　虎
2位　たぬき
3位　ゾウ

ベッドの上でも尽くします
1位　こじか
2位　たぬき
3位　ひつじ

エッチの回数が多いんです
1位　猿
2位　虎
3位　黒ひょう

第3章

60キャラクターによる
メンズ攻略事典

1 長距離ランナーのチータ

優しく励まして、一気に親密に

華やかでおしゃれな人気者。自称モテモテのポジティブシンキング。プライドが高いので、まずはちやほやホメて近づこう。かっこつけてるわりには打たれ弱いので、凹んでいるときにはそっと寄り添って。優しい言葉をかけてあげればあなたに心を許します。セックスまでをじらしすぎると逃げられるので注意。

2 社交家のたぬき

控えめで古風な感じをアピール

優しい人で、誰にでも合わせてくれるけど、自己主張の強い女は苦手。考え方や好きなタイプは意外と古風なので、和の雰囲気を大切に。ズカズカ親しげに接近するよりも、ちょっと恥じらいを浮かべて話しかけるのがおすすめ。ある程度仲良くなったらわがままを。できる範囲のことをお願いするのがポイント。

3 落ち着きのない猿

軽く接近、エッチはじらして

話すタイプに合わせて態度を変える器用な男。瞬時に相手の気持ちを察することができるので、女の子から好かれます。明るく冗談で盛り上がり、何でも一緒に楽しめる女性が好み。ラフな感じで話しかけてみて。あなたの方から積極的に誘ってもOK。エッチ大好きな彼だけど、飽きっぽいので適度にじらすこと。

4 フットワークの軽い子守熊

強気で誘ってエッチな話も

明るく楽しい社交家だけど、オタク的要素もある人です。自分の興味のあることに熱中し、ひとりで楽しみ、まわりが見えなくなることも。恋愛モードに持っていくには、少し強引に誘ってみて。豊富な話題で彼の気持ちをぐっと惹きつけるのが大事。意外と単純なので、エッチな話でその気にさせられるかも。

5 面倒見のいい黒ひょう

鈍いのではっきり意思表示

アートな感覚を持ち、個性的でおしゃれな男。気持ちはピュアで楽天家。扱いやすいけど相手の気持ちにはちょっと鈍感なので、接近するならはっきりした意思表示が大事。「今度、遊びにいこうよ」みたいな曖昧なノリはNG。具体的な日時や場所を提案して誘うこと。彼のハートを射止めるには聞き上手になって。

6 愛情あふれる虎

人生観を語り合える女に

男気があり、理想を抱いて前進する人です。人生を熱く語り合うのも大好き。チャラチャラ生きている人や、遊びの恋には興味ないので、好きな思いを一生懸命伝えるのが一番。政治や社会問題などの話題も取り入れて、地に足ついた女を演出。自分の考えをしっかり持っている女性をアピールすると効果的。

7 全力疾走するチータ

取り扱いは王子様に接するように

プライドが高く、とってもシャープな感性の持ち主です。心の中は気高い王子様。憧れのまなざしでうっとり見つめてあげて。彼の話には一心に耳を傾け「うん、うん」と素直に聞いてあげること。彼の心が開いてきたら、希望を聞きつつデートに誘えば交際スタート。エッチも待たずに、あなた主導で誘ってみて。

8 磨き上げられたたぬき

古風なタイプが好み

イヤなことも顔に出さずに対応できる大人の男。新しいものよりも「古きよきもの」に価値を見出し、好きなタイプも相手を立てる奥ゆかしく古風な女性。もちろん人の気持ちを察する賢さも必要です。彼に会うときは上品な服装と控えめな態度を心がけ、お礼の気持ちはメールやLINEより、手書きの手紙で伝えて。

9 大きな志をもった猿

ゆっくり距離を縮めて

好奇心旺盛。何事もゲーム感覚で楽しむ人だけど、恋愛だけは別。自分の思いだけで突っ走り、相手にのめりこんで自爆するタイプ。痛い経験が多いので、女性に対する警戒心は「強」。いきなり告白せずに、まめに連絡しながら徐々に接近しよう。いろいろ話を聞いてあげれば心を開いて近づいてくるはずです。

10 母性豊かな子守熊

楽しいプランをバンバン出して誘って

おっとりした雰囲気だけど、かけひき上手でなかなかしたたかな人。女の子をその気にさせるツボも押さえいます。好みのタイプはユーモアあふれる明るい女性。楽しい企画をどんどん出して誘い出すのがベスト。恋愛では彼女一色の生活になることも。ふたりでいるときには甘えさせてあげると喜びます。

11 正直なこじか

触れて触って親密に

穏やかで真面目。困っている人は放っておけない優しい人です。人にかまってほしい寂しがり屋で、近くにいると母性本能がキュンとするタイプ。どこにいてもモテちゃいます。彼のわがままを聞いてあげ、甘えさせてあげる包容力が必要。スキンシップが大好きなので、どんどん触ってあげれば親密度がアップ。

12 人気者のゾウ

上手にホメて接近

無愛想でとっつきにくいけど、真面目で頭の回転が速い人。とても頼りになる彼です。シャイでスマートな誘いは期待できないけれど、真面目な思いには誠意を持ってこたえてくれます。ぐずぐずしているタイプは嫌い。おだてに弱いところもあるので上手に長所をホメながら、まずは普通のデートで親密に。

13 策略は無駄。直球勝負で

ネアカの狼

他人には無頓着で自分も人に干渉されるのが大嫌い。クールでユニーク。自分のペースを崩されたくない人なので、その気にさせるのは難しい。追えば逃げるし、放っておけば進展なし。根は明るくて素直なので、「好きなの。つきあって」と直球勝負でいくしかない。デートもセックスも彼のリードにまかせて。

14 包み込むような優しさで接近して

協調性のないひつじ

偏ることなく誰にでも親切で、どんな人にも合わせられる人だけど、実は自分からはなかなか心を開かないタイプ。人に親身にするのが好きだけど、恋愛では癒されたい。彼を温かく包み込むような気持ちで接近しないと心を許してくれません。優しく誘って話を聞いてあげ、セックスもさりげなくリードして。

15 「自分のためになる女」と思わせて

どっしりとした猿

いつも効率性と合理性を考えながら行動。自信家で野心的なのに気が小さい一面も。どんなときでも彼を持ち上げ、勇気づけてくれるような明るい女性が理想。とにかく彼をホメてあげ、彼の夢や趣味なんかを聞いてあげよう。自分とつきあうと楽しくて、あなたのためになるよ、と思わせることがポイント。

16 好きな気持ちをめいっぱい伝えて

コアラのなかの子守熊

臆病なのに楽天的で「最後は必ず自分が勝つ」と最後まで努力を続けます。お人好しで人当たりもいいけど、恋愛には慎重。遊びの恋には興味なし。相手が本気で自分を好きだという確信を持つまでは心を許さない。まずは素直にありったけ気持ちを伝えて。デートはいきたい場所を可愛くおねだりすると効果的。

17 最初からなれなれしくしない

強い意志をもったこじか

穏やかな性格だけど、人の好き嫌いは激しいので接近には注意が必要。自己主張の強い人は嫌い。上下関係や礼儀にもうるさいので、最初からなれなれしく接すると一発アウト。また疑り深いので彼の前でほかの男性と親しくするのもNGです。趣味に没頭するオタクな面があるので彼の好きなことを探って接近。

18 恋のかけひきは通用しない

デリケートなゾウ

正義感が強くて面倒見のよい男性。何事にも妥協しない強さを持つ一方で、デリケートな心の持ち主です。女性に対してとても紳士的な彼のタイプは、きちんとした女性らしい人。女の甘えや打算はすぐ見抜くので、ピュアな気持ちが大事。恋のかけひきは通用しません。真面目に思いを伝えるのが一番効果的。

19 放浪の狼

内面を見つめてあげて

周囲の束縛を嫌い、無愛想で社交性に欠ける人。でも根は繊細で正直な男性です。自分のことを理解してくれる相手にだけは愛情を感じる性質なので、まずは彼をしっかり理解。ルックスではなく内面を見つめ、独創的な面をホメてあげよう。普通のデートじゃ興味を示さないので、刺激的なコースを提案して。

20 物静かなひつじ

大らかで寛容な人が好き

控えめで、人に接する姿勢も慎重。自分の感情を表に出さず、人の意見にも逆らいません。周囲に気を使いすぎ疲れてしまうので、私生活では少々わがまま。そんな彼を笑顔で包み込む、大らかな人が好みのタイプです。相手を心配する気持ちが恋心に変化しやすい彼なので、相談事を持ちかけて接近してみて。

21 落ち着きのあるペガサス

純粋にラブを楽しんで

人当たりがよくて開放的だけど、神経質な面もある男性。束縛されることに耐えられずいつも自由でいたいので、自分のものだけにしようと迫るとさっさと逃げ出してしまいます。ロマンとエロスは大好きだけど、結婚をちらつかせるのはタブー。セックスしても彼にとっては友だち、なんてこともあるのでご用心。

22 気が変わりやすい自由人

強靭な翼をもつペガサス

気位高く、好き嫌いが激しい自由人。いつでもピュアな心で理想を追い求めるロマンチストです。何事にも世間の価値観に縛られず、今を思い切りエンジョイして輝く女性に惹かれます。恋の展開はスピーディ。女性からの刺激的な誘いも効果的ですが、恋愛は短期間で終わることが多いので覚悟も必要です。

23 近づくのは機嫌のいいときに

無邪気なひつじ

少年のような無邪気さを持つ反面、気難しいところもある人です。おっとりした雰囲気とは裏腹に、好きになった相手にはグイグイ押して、速攻落としてしまうテクの持ち主。おしゃべり好きな彼なので、ご機嫌のときに長所や趣味をホメちぎろう。でも不機嫌なときにうっかり近づくと、痛い目にあう危険も。

24 まずは知的な会話から

クリエイティブな狼

スマートで知的好奇心旺盛な彼。最初はとっつきにくいけど、ユーモラスで楽天家なところが魅力的。モテるけど不埒な恋愛はせず、恋には純粋。大勢で群れて遊ぶのは好きじゃないので、告白するなら直接1対1で。気取った言葉よりもストレートに思いを伝えよう。べたべたするより、まずは楽しい会話から。

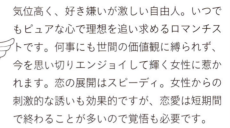

25 穏やかな狼

エッチから始まることも

思ったことはずけずけ正直に、表裏のない男性です。秩序は大事にするけど、恋愛はマイペースで自分の流儀を貫き通す。人の言うことは聞かず、ベタベタ甘えても煩わしい女と思われるだけなので注意して。逆に甘えるのが好きな彼なので、最初は聞き役に徹してあげよう。セックスから始まる恋になることも。

26 粘り強いひつじ

じっくり心を開いて

常識的で周囲の調和を何より大事にする男性。誰にでも気を配る社交家なので、逆に本心を探りにくい。少し時間はかかるけど、彼にいろいろ質問しながら自分のことも話して、まずは心を開いてもらうこと。オープンに話し合える関係になったらカップルだらけの場所でデート。その気にさせてラブな関係に。

27 波乱に満ちたペガサス

好みをチェックしてから攻めよう

近寄りがたいオーラと気安い雰囲気が同居する不思議な人。とても魅力的でモテるけど、派手な雰囲気に似合わず意外と人見知り。人間関係には不器用で、恋愛は受身のタイプ。こちらから強く攻めたいけれどわがままなので、彼の好みのお店や趣味などは徹底的にリサーチしよう。束縛は絶対にNGです。

28 ピュアな心に打たれて恋に発展

優雅なペガサス

キラキラしたオーラを放ち、華やかさと優雅さを持つ男性。一見派手なプレイボーイだけど、困っている人には弱い人情派です。相談事を持ちかけたり悩みを相談したりするのも効果的。真面目な気持ちで辛抱強くアプローチを続ければ、ピュアな気持ちに感動することも。すぐにあきらめないことが大切。

29 お互いを高め合える存在に

チャレンジ精神の旺盛なひつじ

温厚で社交家。女子感度抜群の男性だけど、実は気難しい人。人間関係に気を使いながらもさりげなく自分のペースに巻き込むスマートなプレイヤーです。チャレンジ精神旺盛で、単なる楽しい恋愛にはあまり興味なし。「お互いを高め合えるようなつきあいをしたいね」というメッセージを伝えてアピールしよう。

30 個性的な特技で関心をひいて

順応性のある狼

誰に対しても自分の意見を媚びずに言える男。信念を曲げずに突き進むところがかっこいい。モテるけど、人の好き嫌いが激しいので取扱注意。平凡で穏やかな恋人よりも刺激をくれる女性がタイプ。マニアックな趣味や特技でアピールすると興味を持ってくれそう。触ってあげるとエッチのスイッチがオン！

31 リーダーとなるゾウ

知的な会話と充実のエッチを

頼ればとことん助けてくれる頼もしい男。でも自分にも人にも厳しいので、何もせずに甘えてくる人や、いい加減でずるい人は嫌い。自分とは異なるセンスのよい人に惹かれます。会話は本や映画、音楽の話など知的なムードで盛り上げてみて。エッチは回数よりも中身が重要。じっくり濃厚で充実したセックスを。

32 しっかり者のこじか

仲間同士の集まりから恋人に

人への気配りが上手で控えめな性格ゆえに、頼まれたら断れないタイプ。警戒心が強くてなかなか本音が言えないので、恋には時間がかかりそう。１対１でストレートに攻めるより、最初は仲間で集まりながら親交を深めて恋人に。ロマンチックなムードの中でキスを迫れば、彼のハートをゲット間違いなし。

33 活動的な子守熊

追いかければ振り返る

温和なルックスについつい気を許しちゃう彼だけど、実はいつも損得勘定が渦巻いている。頭の回転が速くて仕事も恋も要領よく成功させちゃうタイプ。興味ある人を追いかけるより、追いかけてくれる人を恋人に。彼のよさをホメながら好きな気持ちをアピールすれば、わりとすぐその気になってくれるはず。

34 ホメながら彼の話を聞いてあげる

気分屋の猿

楽しいムードが好きで気さくなわりには神経質で口下手な面も。恋愛にはやたらロマンを求めて、女性らしさにも幻想を抱いている場合が多い。気弱なところもあるので、興味を持って彼の話を聞いてあげること。ホメる、励ますことも大切です。こちらからエッチに持ち込むよりも、彼のリードを待って。

35 同じ価値観を重要視

頼られると嬉しいひつじ

正義感に燃える熱い人だけど、印象は穏やか。常に気を配る細やかさ、そして神経質な面も持っています。恋人には同じ価値観を求めているので、とりあえずは彼の話や行動に賛同して。食事や映画、美術館など、一緒にデートするたびに感動を伝えて共有。セックスは女性の言いなりになるのがエクスタシー。

36 夢中になっていることを話してみて

好感のもたれる狼

クールでニヒルな雰囲気の持ち主。自分から人とつるむことがないので、どんな人だかわかりづらい。でも自分の信念をしっかり持った気持ちの優しい人です。夢に向かって頑張っている人が好きなので、自分が夢中になっていることや真剣に取り組んでいることを話してみよう。エッチは意外とあっさりめ。

37 まっしぐらに突き進むゾウ

わがままだって受けとめちゃう

多少のことでは動じないキャパの広い人。自分が正しいと思う道をまっしぐら。また夢中になっていることしか見えない性分なので、「仕事より私を見て」なんてタイプの人ではつきあえません。彼が突き進む姿を見守り、彼が見ている世界を一緒に楽しもう。「わがままを聞いてあげる」姿勢で恋人候補に。

38 華やかなこじか

ゆっくり時間をかけて寄りそって

優しくて人なつっこいかと思えば、急に冷たくなるなどかなりの気分屋さん。おまけに人の好き嫌いが激しくて、相手に惹かれるポイントも様々。なかなか恋の戦略を立てにくい相手です。最初は彼の心を開かせることから。「いつだってあなたの味方」とアピールしながら、ゆっくりそばに寄りそって。

39 夢とロマンの子守熊

弱っているときは優しくヘルプ

社交上手で、いくつになっても夢見る少年。ロマンチストです。孤独を嫌い、人から受けた助けや親切をとても大事にするので、彼が悩んだり困ったりしているときがチャンス。優しくヘルプしてあげればググッと気持ちが惹きつけられるはず。キスまでいったらあとは急接近。熱い恋人関係に突入しそう。

40 母性のような愛で包んであげて

尽くす猿

顔色ひとつでこちらの気持ちを察してくれる優しい男。明るく頑張るけど、気が小さくて警戒心も強いので、ストレスを溜めがち。好きな女性に最初は尽くすけど、恋人には甘えたいと思っています。「私といるときは気を使わないでね」と言ってあげれば彼はホッとして癒される。寛容な心で抱きしめてあげて。

41 自宅に招いて接近

大器晩成のたぬき

控えめで温かい雰囲気の持ち主で、誰からも好かれるおっとりさん。自分からがつがつ動きまわって人目をひくタイプではないけれど、そばにいるとホッとする。女性に対してもギラつきや粘りつきがないのがかえってモテるポイントに。自宅に呼んで手料理を振舞うなどして接近し、女友だちから恋人に昇格。

42 地道に思いを伝えて

足腰の強いチータ

何かひらめいたらすぐ行動。頭のキレも抜群でおしゃれも大好き。人の気持ちを瞬時に見抜いてしまうので、お世辞や適当なホメ言葉は通用しません。最初にキスまで許して、あとは放置プレイで気をひくという作戦もあるけれど、本気で好きなら地道に思いを伝えてみて。センスのよい服装も心がけること。

43 動きまわる虎

共通の趣味で関係を深めて

他人の言葉に惑わされることなく、常に自分のペースを守って動く行動派。自分の価値観をゆずらない頑固な面もあるけど、誰に対しても誠実な関係を好みます。恋愛も信頼関係を大事にじっくりつきあいたい派。共通の趣味を見つけて徐々に接近していって。自然の流れで深い関係になっていくのが効果的。

44 情熱的な黒ひょう

クールな友だちからスタート

情熱的だけど物腰柔らか。おしゃれのセンスも抜群で、誰からも人気のある男。気分屋な面もあるけど、基本頑張り屋なのでそこをちゃんとわかってあげるのが大事。自分同様、女性もおしゃれでクールな人が好みです。最新情報には目がないので、新規オープンの話題のお店に誘って、まずは友だちから。

45 サービス精神旺盛な子守熊

彼の夢をサポート

誰にでも気を使い、サービス精神を発揮する人気者。人と競争するのも対立するのも苦手。仕事は着実にこなし、会社で信用されているけど、実は夢を追い求めたい。自分の独立を応援してくれて、一緒に頑張ってくれそうな女性が理想です。ただし結構なプレイボーイでちょいちょい浮気もするので注意が必要。

46 おしゃれで気をひいてみて

守りの猿

愛想がいいけど、内には秘めた闘志がメラメラ。自信家で、自分の器以上に見せようと背伸びするけど、型破りなことはしない堅実派です。恋に落ちるかどうかは、内面よりも相手のルックス次第。まずは流行のファッションやおしゃれメイクで彼の気をひいて。プレゼント好きなので、もので釣るのも効果的。

47 本気の思いを伝えて

人間味あふれるたぬき

ケンカや対立が大嫌い。きめ細かな心配りで周囲をなごませる一方、やけに鈍感な面もあり。積極的ではないけど何でも忍耐強くやり遂げる人。情熱的に恋する人で、こちらの本気の思いを伝えれば、何倍もの思いで返してくれるでしょう。エッチもまめ。セックスをするときも徹底的に尽くしてくれます。

48 ちやほやせずに厳しいひと言を

品格のあるチータ

大胆に見えてとても繊細で傷つきやすいハートの持ち主。面倒見のいい兄貴のようで少年のような純粋さも併せ持つ魅力的な人。不思議なオーラを放ち男女問わずモテますが、それだけに言い寄ってくる女性には食傷気味。なので逆に愛あるきついひと言やアドバイスを。一歩踏み込んだ関係がスタートします。

49 ゆったりとした悠然の虎

成長できる恋を

いつでもゆったりかまえ、大きな包容力で人を包む魅力的な男。明るく誰とでも積極的につきあうけど、まわりくどい言葉やお世辞が苦手。理想主義なので恋愛も楽しいだけよりお互い成長できる関係を望みます。エッチもつきあいが深まってから。焦らず彼の誘いを待って。しっかりとリードしてくれるはず。

50 落ち込みの激しい黒ひょう

何でも話せる女友だちから

人当たりよいおしゃれなルックスはプレイボーイに見えるけど、実は世話好きの努力家。周囲からの自分の評価を気にするあまり、勝手に落ち込むこともあり。最初から積極的にアピールせず、まずは話を聞いてあげ、何でも話せる女友だちに。彼の心を開いて信頼関係を築いたら、徐々に恋愛モードに突入。

51 我が道を行くライオン

エッチをしたら、より愛が深まる

とにかく負けず嫌い。人からあれこれ指示されるのも上から目線でものを言われるのも許せない「俺様」気質。でも好きな女性には弱みを見せて甘えてきます。そんな彼には会うたびにホメそやし、尊敬している感をアピールすると効果的。セックスまでする関係になったら身内のような深い愛情が芽生えます。

52 気軽に話しかけてお互いに慣れる

統率力のあるライオン

人当たりは柔和で見た目は穏やかだけど、内面は気難しい人。なかなか自分の本音を明かしません。女性と気楽に話すことも苦手なので機嫌が悪いのかと勘違いされることも。でも彼のそんな態度にビビっていては接近できません。「趣味は？」「好きな本は？」など気軽に話しかけてお互い慣れることから。

53 考える余裕をシャットアウト

感情豊かな黒ひょう

穏やかで人当たりはいいけど、そのときどきで機嫌が変わる気まぐれも。近づきにくい雰囲気もある反面、話せばとてもフレンドリー。アプローチは「私たちってうまくいきそう」とはっきり意思表示。かっこいいことにこだわる彼なので、センスのいいファッションは必須。セックスは彼のリードにゆだねて。

54 友だち経由でアピール

楽天的な虎

誰に対しても同じようにつきあう開放的な人。楽天的だけど言ったことはやり遂げる意志の強さと堅実さを備えています。そんなまっすぐな彼に女心は複雑すぎて、恋への発展は難しい。まずは友だち経由であなたのことをホメてもらって印象づけよう。ふたりきりの時間をつくったら恋愛モードで迫ってOK。

55 女性らしさを振りまいて

パワフルな虎

いつも元気で明るい社交家。お人好しだけど正義感が強く信頼できる人で、周囲から慕われます。「男は男らしく」「女は女らしく」という古風な考えを持っているので、アプローチの際は女性らしい態度や服装を心がけて。約束を守らない人は大嫌いなので、デートのときには遅刻やドタキャンはNGです。

56 まずは彼の友だちグループに仲間入り

気どらない黒ひょう

誰とでも気軽に接する人なつっこい人気者。正義感が強くて何にでも真剣に向き合う彼は、浅く広くの関係よりも信頼のおける友人と長く深くつきあうタイプ。いきなり恋人を目指すより、まずは彼のグループに加わって、友人として仲間入り。それからじわじわ彼にアプローチして恋人の座をゲットしよう。

57 相談を持ちかけて親密に

感情的なライオン

何でも自分でやらないと気がすまない男。愛想はいいけど恋には積極的になれない気弱な面も。甘いムードになるのが苦手。でも困った人は助けたい優しい彼なので、最初は頼み事や相談事で接近してみて。徐々に親密になって気づけば恋人同士に、という流れを目指そう。エッチはじらすほど燃える性質。

58 控えめにデートしたい気持ちを伝えて

傷つきやすいライオン

合理的でスマート。流行を追わず自分の信念を貫くパワフルマン。いつも堂々としていますが実は些細な言葉で傷つく繊細さも持っています。常識や秩序を大事にするので、誘いは礼儀正しく。「一緒にどこかにいけたらうれしいな」と、デートしたい気持ちを控えめにアピール。押しが強いのは逆効果です。

59 チャラい女には興味なし

束縛を嫌う黒ひょう

束縛されるのが苦手。自分のやるべきことを地道にやり遂げる男です。チャラチャラした女より芯のある女性がタイプ。軽いノリで誘うと軽蔑されるので注意して。会話の際には旬のテーマや時事ネタなどで議論を交わして、しっかりした自分をアピール。つきあいがスタートしたら、セックスまで彼のペースで。

60 ホメて自尊心を刺激

慈悲深い虎

「弱きを助け強きをくじく」タイプの親分肌。理想が高くワンマンな面もあるけど、きめ細かな気配りと誠実さで、男女問わず好かれます。自信家なので彼の気持ちの大きさやスマートなところを大げさなくらいにホメてみて。また自分の城を築きたい気持ちが強いので、「家庭的」を何気なくアピールすると効果的。

ホワイトエンジェルとブラックデビル理論

個性心理學では60分類（自分）×60分類（相手）＝3600通りの中から、たったふたつしかない「究極」の相性を見つけ出すことができます。

最高の相性を「ホワイトエンジェル」、最悪の相性を「ブラックデビル」と名づけています。

ブラックデビルは体（セックス）の相性がよく、強力な磁力で惹きつけ合うので出会う確率も高くなります（別れる可能性も高いですが）。

逆にホワイトエンジェルは心の相性がよく、柔らかく惹きつけ合うので、出会っていても見過ごすことも多いのです。

あなたにとって、熱く燃えるブラックデビル、穏やかな倖せを呼ぶホワイトエンジェルは誰でしょうか？

ぜひ、探してみてください。

自分のキャラクター	ホワイトエンジェル	ブラックデビル
1長距離ランナーのチータ	26粘り強いひつじ	56気どらない黒ひょう
2社交家のたぬき	37まっしぐらに突き進むゾウ	7全力疾走するチータ
3落ち着きのない猿	48品格のあるチータ	18デリケートなゾウ
4フットワークの軽い子守熊	59束縛を嫌う黒ひょう	29チャレンジ精神の旺盛なひつじ
5面倒見のいい黒ひょう	10母性豊かな子守熊	40尽くす猿
6愛情あふれる虎	21落ち着きのあるペガサス	51我が道を行くライオン
7全力疾走するチータ	32しっかり者のこじか	2社交家のたぬき
8磨き上げられたたぬき	43動きまわる虎	13ネアカの狼
9大きな志をもった猿	54楽天的な虎	24クリエイティブな狼
10母性豊かな子守熊	5面倒見のいい黒ひょう	35頼られると嬉しいひつじ
11正直なこじか	16コアラのなかの子守熊	46守りの猿
12人気者のゾウ	27波乱に満ちたペガサス	57感情的なライオン
13ネアカの狼	38華やかなこじか	8磨き上げられたたぬき
14協調性のないひつじ	49ゆったりとした悠然の虎	19放浪の狼
15どっしりとした猿	60慈悲深い虎	30順応性のある狼
16コアラのなかの子守熊	11正直なこじか	41大器晩成のたぬき
17強い意志をもったこじか	22強靭な翼をもつペガサス	52統率力のあるライオン
18デリケートなゾウ	33活動的な子守熊	3落ち着きのない猿
19放浪の狼	44情熱的な黒ひょう	14協調性のないひつじ
20物静かなひつじ	55パワフルな虎	25穏やかな狼
21落ち着きのあるペガサス	6愛情あふれる虎	36好感のもたれる狼
22強靭な翼をもつペガサス	17強い意志をもったこじか	47人間味あふれるたぬき
23無邪気なひつじ	28優雅なペガサス	58傷つきやすいライオン
24クリエイティブな狼	39夢とロマンの子守熊	9大きな志をもった猿
25穏やかな狼	50落ち込みの激しい黒ひょう	20物静かなひつじ

自分のキャラクター	ホワイトエンジェル	ブラックデビル
26粘り強いひつじ	①長距離ランナーのチータ	㉛リーダーとなるゾウ
27波乱に満ちたペガサス	⑫人気者のゾウ	㊷足腰の強いチータ
28優雅なペガサス	㉓無邪気なひつじ	㊿感情豊かな黒ひょう
29チャレンジ精神の旺盛なひつじ	㉞気分屋の猿	④フットワークの軽い子守熊
30順応性のある狼	㊺サービス精神旺盛な子守熊	⑮どっしりとした猿
31リーダーとなるゾウ	56気どらない黒ひょう	㉖粘り強いひつじ
32しっかり者のこじか	⑦全力疾走するチータ	㊲まっしぐらに突き進むゾウ
33活動的な子守熊	⑱デリケートなゾウ	㊽品格のあるチータ
34気分屋の猿	㉙チャレンジ精神の旺盛なひつじ	59束縛を嫌う黒ひょう
35頼られると嬉しいひつじ	㊵尽くす猿	⑩母性豊かな子守熊
36好感のもたれる狼	51我が道を行くライオン	㉑落ち着きのあるペガサス
37まっしぐらに突き進むゾウ	②社交家のたぬき	㉜しっかり者のこじか
38華やかなこじか	⑬ネアカの狼	㊸動きまわる虎
39夢とロマンの子守熊	㉔クリエイティブな狼	54楽天的な虎
40尽くす猿	㉟頼られると嬉しいひつじ	⑤面倒見のいい黒ひょう
41大器晩成のたぬき	㊻守りの猿	⑯コアラのなかの子守熊
42足腰の強いチータ	57感情的なライオン	㉗波乱に満ちたペガサス
43動きまわる虎	⑧磨き上げられたたぬき	㊳華やかなこじか
44情熱的な黒ひょう	⑲放浪の狼	㊾ゆったりとした悠然の虎
45サービス精神旺盛な子守熊	㉚順応性のある狼	60慈悲深い虎
46守りの猿	㊶大器晩成のたぬき	⑪正直なこじか
47人間味あふれるたぬき	52統率力のあるライオン	㉒強靭な翼をもつペガサス
48品格のあるチータ	③落ち着きのない猿	㉝活動的な子守熊
49ゆったりとした悠然の虎	⑭協調性のないひつじ	㊹情熱的な黒ひょう
50落ち込みの激しい黒ひょう	㉕穏やかな狼	55パワフルな虎
51我が道を行くライオン	㊱好感のもたれる狼	⑥愛情あふれる虎
52統率力のあるライオン	㊼人間味あふれるたぬき	⑰強い意志をもったこじか
53感情豊かな黒ひょう	58傷つきやすいライオン	㉘優雅なペガサス
54楽天的な虎	⑨大きな志をもった猿	㊴夢とロマンの子守熊
55パワフルな虎	⑳物静かなひつじ	㊿落ち込みの激しい黒ひょう
56気どらない黒ひょう	㉛リーダーとなるゾウ	①長距離ランナーのチータ
57感情的なライオン	㊷足腰の強いチータ	⑫人気者のゾウ
58傷つきやすいライオン	53感情豊かな黒ひょう	㉓無邪気なひつじ
59束縛を嫌う黒ひょう	④フットワークの軽い子守熊	㉞気分屋の猿
60慈悲深い虎	⑮どっしりとした猿	㊺サービス精神旺盛な子守熊

おわりに

みなさん、『動物キャラナビ［ラブ］』お楽しみ頂けたでしょうか？

人間が最も興味のある、「男と女」「愛とＳＥＸ」「ココロとカラダ」について、動物キャラクターにあてはめた「個性」によって、さまざまな角度から分析してみました。

わかっているようで実はよくわからなかった「自分」についても、客観的に分析してみると、まだまだ無限の可能性があることに気づきますよね。

また、自分のフィルターを通して見ていた「相手」も、本当はこんな人だったのか、と新たな発見があったはずです。

個性が違うということは、「価値観」が異なるということです。自分と異なる価値観を受け入れるのは、容易なことではありません。

これは、恋愛やＳＥＸにおいても、まったく同様です。

しかも厄介なのは、われわれに「異質なモノ」に反応してしまうセンサーがあることです。

ダーウィンの種の保存の法則にある通り、強い子孫を残すためには、異種と交配することが不可欠なのですが、これが人間の本能にもちゃんとプログラムされているのです。特に女性は、半径50メートル以内に近づいてきた自分と異なる異性に、激しく反応するセンサーを持っていると言います。「ビビッときた！」というのは、このセンサーが反応している証拠。異質な個性を持った相手に強く惹かれるのは、このためと考えられます。

また、個性心理學の検証を深めていくことで、次のようなこともわかってきました。

それは、「ココロとカラダ」の相性の違いです。

心の相性がいい人が、必ずしもからだの相性もいいとは限らないのです。逆に、からだの相性がいいカップルを見ると、しょっちゅうケンカをしています。

258〜259ページのコラムにも書きましたが、個性心理學には、ホワイトエンジェルとブラックデビル理論というものがあります。われわれは「ココロとカラダ」双方の相性がよいことが理想ですが、残念ながらそんな相手など存在しないのです。ですから恋愛も結婚も、どこで妥協するかというのがポイントとなるでしょう。恋愛は、からだの相性がよくないと燃えませんし、結婚は、心の相性がよくないと長続きしません。

あなたなら、どちらを優先するでしょう？

個性心理學を知らなければ、つきあってみないと相手との相性はわかりませんでした。しかし、そんな方法では結局不特定多数の相手と交際するしかなく、現実的にはまず不可能です。それに自分にだって「好き嫌い」の傾向がありますから、別れてもまた知らず知らず同じキャラクターの相手とつきあってしまったり…。

そんなとき、大いに役に立つのが、本書です。

気になる人が現れたら、まず生年月日を聞いて相手のキャラクターを調べ、仮想恋愛を楽しんでみてください。あらかじめ相手のキャラクターがわかっていると、デートのときに落ち着いて対応することができますし、面白いほどコミュニケーションが円滑になり、楽しさが倍増します。


個性心理學を学んでいる多くの方が、必ずこう言います。

「もっと早く個性心理學に出会いたかった」と。

みなさんは、本書を恋愛のバイブル本として、実り多き恋愛をエンジョイしてください。そして、恋愛における無意味なストレスとお別れしてください。もう、恋愛に迷ったり悩んだりする必要はないのです。

人生は、その長さだけでなく、質の向上こそが大切です。限られた人生を、ぜひ有意義に過ごして頂きたいと切に願います。

最後に、本書を執筆するにあたって取材に協力頂いた多くの女性に感謝します。

特に、銀座や六本木で接客業として沢山の男性を観察してこられた方々の卓越したご意見は、とても参考になりました。これからもどんどん取材を続けて、さらに理論をブラッシュアップしていきたいと思っています。

また、本書をご覧になられたみなさまのご感想やご意見も、ぜひ伺わせていただきたいと思います。

「動物キャラナビ」の理論的ベースとなっている四柱推命ですが、そのもとになっているのがインドのヒンドゥー占星術です。ヒンドゥー占星術は、エロスの探究でしたし、性の教典でもあるのです。

21世紀版の性書として、『動物キャラナビ[ラブ]』が多くの方々の倖せへのお手伝いとなることを祈っております。

２０１７年3月

個性心理學研究所

所長　弦本將裕

弦本將裕 Masahiro Tsurumoto

[磨き上げられたたぬき]

1957年、東京都生まれ。一般社団法人個性心理學研究所総本部理事長。個性心理學研究所所長。学習院大法学部卒。明治生命保険相互会社勤務を経て、97年、個性心理學研究所を設立。世界で初めて、12の動物キャラクターを使った個性心理學を発表、一躍注目を集める。著作は50冊を超え、世界14カ国で翻訳・刊行、累計部数は500万部を超える。所属の認定講師・カウンセラーも4,000名を突破、人気はとどまるところを知らない。近著に『個性心理学』、『「性格&相性」まるごとわかる動物キャラナビ』(以上、日本文芸社)『動物キャラナビ[バイブル]』、『動物キャラナビ[お仕事編]』(以上、集英社)など、枚挙に暇がない。

個性心理學研究所・
本部公式サイト
http://www.noa-group.co.jp/

動物《どうぶつ》キャラナビ[ラブ]

2017年4月30日　第1刷発行

著　　者　弦本將裕《つるもとまさひろ》[磨き上げられたたぬき]
発 行 人　田中　恵[品格のあるチータ]
編 集 人　水木　英[フットワークの軽い子守熊]
発 行 所　株式会社　集英社
〒101-8050 東京都千代田区一ツ橋2-5-10
TEL　編集部:03(3230)6205
読者係:03(3230)6080
販売部:03(3230)6393(書店専用)

プリプレス　Natty Works
印　　刷　図書印刷株式会社
製　　本　ナショナル製本協同組合

ISBN 978-4-08-780807-0 C0076